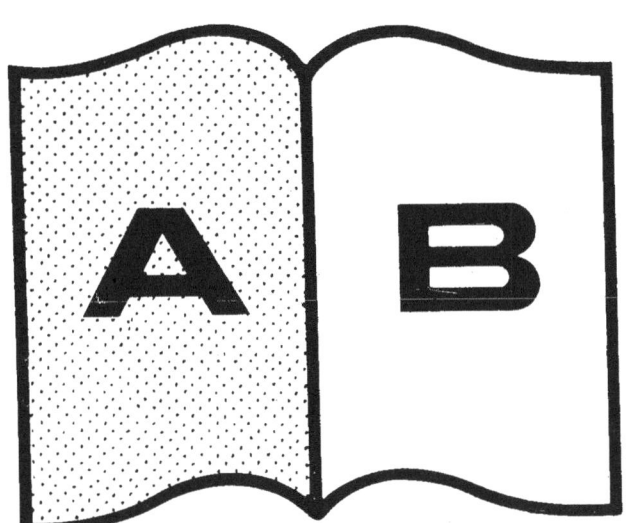

Contraste insuffisant

NF Z 43-120-14

V 1512
J.d.a.

V *1512*
J.d.a.

LE
VIGNOLE DES OUVRIERS.

DE L'IMPRIMERIE DE PILLET AINÉ,
RUE CHRISTINE, n° 5.

La règle pratique sur laquelle ces Ordres sont établis n'est pas nouvelle : *Vitruve*, et après lui *Scamozzi*, *Perrault*, et plus récemment encore *Cordemoy*, l'ont enseignée; mais nous pensons l'avoir rendue plus uniforme, plus régulière, et par conséquent plus facile. Ce n'est donc point pour les Architectes que nous avons entrepris cet Ouvrage : ils ont assez consulté leurs auteurs et commenté les divers Traités sur leur art, pour ne point tomber dans les défauts que nous avons l'intention de prévenir; mais il pourra être utile aux Entrepreneurs, aux Menuisiers en bâtimens, et à tous les Ouvriers qui, sans autre secours que ce livre même, pourront s'instruire suffisamment dans la connaissance des proportions relatives, non-seulement des Ordres, mais encore des moulures en général, et de divers autres détails d'Architecture. C'est avec peine que l'on voit combien la plupart des constructions qui ne sont pas dirigées par des Architectes sont en opposition avec les principes de l'art, et combien celui-ci se dégrade sous l'empire de formes nouvelles que réprouve le bon goût. On croit favoriser l'économie en négligeant les principes; on prépare les détails avant que le plan soit conçu; et souvent on rapporte au hasard une décoration quelconque à ce qui est fait, comme on placerait un meuble dans un appartement. Il semble cependant qu'en apprenant à tailler et poser une pierre, l'emploi qu'il convient d'en faire, et sa valeur, il n'en coûterait pas plus de savoir la placer à propos : si le premier emploi est un métier, le second est un art qui doit en diriger l'application. S'il n'est pas toujours permis à ceux qui se destinent, soit à la direction, soit à la simple exécution des bâtimens, d'approfondir et d'analyser les principes de l'Architecture, au moins doivent-ils s'attacher à en connaître suffisamment les règles les plus simples et les proportions les plus apparentes. C'est le désir d'en faciliter l'étude qui nous a fait entreprendre cet Ouvrage, où l'on trouvera des moyens très-simples d'appliquer partout des proportions et des formes convenables à l'Architecture; nous y avons joint quelques exemples de plans, de façades, de coupes, en rapport avec les proportions les plus usitées; des portes, des croisées et des arcades, accompagnées de quelques explications sur leur disposition dans un genre simple et approprié au but de cet Ouvrage, ce qui évitera de compulser les différens Traités de cet art, trop compliqués pour ceux qui ne peuvent pas se livrer à de longues recherches.

Nous ne parlerons pas de la construction dans cette partie, elle sera l'objet de la seconde (1), dans laquelle nous nous sommes proposé de donner un Précis des détails relatifs à l'entière confection des bâtimens.

Vignole est le seul, parmi les Architectes célèbres, qui se soit attaché à rendre faciles les règles des cinq Ordres ; mais nous avons pensé, comme les auteurs que nous avons cités, qu'elles pouvaient être encore combinées autrement, et soumises à des divisions plus simples, sans admettre de cotes; et nous croyons en avoir perfectionné la méthode.

Sans parler ici des Entrepreneurs et des Chefs d'ateliers plus ou moins expérimentés, il n'est sans doute point d'Ouvrier qui, aimant son état et désirant s'y perfectionner, dans l'intention de parvenir à l'emploi de chef d'atelier ou de maître compagnon, ne voulût connaître et posséder son *Vignole* : or, c'est ici un autre *Vignole* plus intelligible et plus facile que nous lui présentons, et dans lequel la seule inspection des figures et des échelles qui les accompagnent lui suffira, au défaut de lecture, pour appliquer avec intelligence les principales règles de l'art (2). Ce résultat ne peut que lui être profitable, et le mettrait à portée de saisir et de comprendre mieux l'intention de l'Architecte qui, voyant en lui un homme auquel il pourrait se confier, le prendrait en recommandation, non-seulement pour ses propres travaux, mais encore par son appui pour tous les autres auxquels il s'empresserait de le faire employer.

Les cinq Ordres sont la base fondamentale de toute décoration d'Architecture. Le bâtiment le plus simple doit aussi, comme les Ordres, être soumis à des règles. Les portes, les croisées ont également les leurs ; elles doivent être en rapport avec l'étendue de la façade ; elles doivent toujours avoir en hauteur deux fois leur largeur; la largeur des trumeaux peut être égale à celle des croisées, ou d'une largeur et demie, et même de deux largeurs. Pour les seconds étages, la hauteur des croisées peut être réduite à la proportion d'une fois trois quarts de leur largeur, et pour les troisièmes à une fois et demie de leur même largeur (3). C'est sur ces règles que l'on doit établir sa distribution, et s'en écarter le moins possible.

Malgré l'irrégularité des terrains et leur situation défavorable, on éprouvera qu'avec de l'étude, de la méditation, du goût et de la persévérance dans l'épreuve des diverses combinaisons, on parviendra presque toujours à surmon-

---

(1) Cette seconde partie vient de paraître.

(2) Nous observerons cependant que, pour rendre l'intelligence plus prompte et plus facile, il faudrait avoir la figure de chaque Ordre sous les yeux, en même tems que la lecture de chaque article enseignerait la disposition de toutes ses parties, ce qu'une seule personne peut faire pour l'instruction de plusieurs.

(3) Voyez Planche 17 et Planche 30, deuxième étage.

ter les difficultés, et qu'en utilisant d'ailleurs les petits recoins (1), on rendra toutes les pièces régulières. Et lorsque l'on ne veut pas décorer extérieurement un bâtiment par des colonnes ou des pilastres, mais que l'on veut le couronner seulement par un entablement complet, après avoir déterminé la hauteur totale du dernier plancher, qui est celle de tout l'édifice où doit se trouver, à son niveau ou à celui de son épaisseur, le dessous de l'architrave (à cause des ouvertures du dernier étage), on divise cette hauteur, à partir du niveau du rez-de-chaussée, en cinq, six ou sept parties, suivant la proportion ou le caractère du bâtiment, ou l'Ordre d'architecture auquel il serait analogue ; une de ces parties, reportée au dessus du point fixé pour le dessous de l'architrave, donnera la hauteur de l'entablement, et, pour la proportion des moulures, voir l'Ordre que l'on aurait adopté. On peut encore en supprimer l'architrave, et même la frise, sans rien changer à la masse particulière de la corniche, qui est presque toujours pour les maisons le couronnement le plus ordinaire (2). Voilà des données dont on peut cependant s'écarter plus ou moins (3), par rapport à la distance d'où l'on peut apercevoir les objets, et qui peut motiver quelquefois dans leur couronnement une moindre ou une plus forte proportion tant en hauteur qu'en saillie.

Pourquoi le maçon des campagnes ne s'habituerait-il pas à mettre du goût et de la combinaison dans les travaux de son état? Il peut même, sans le secours des moulures et sans la richesse des ornemens, plaire à l'œil par les simples proportions de la masse. Est-il donc toujours obligé de placer sa porte d'entrée sur le côté, et, dans les cas forcés, ne peut-il pas en déguiser l'irrégularité sur la façade (4), et éviter de placer les fenêtres à des distances ou des hauteurs inégales, et le plus souvent en porte-à-faux? La négligence de ces principes ne peut venir que de l'insouciance, du défaut de goût et de réflexion ; mais on suit la routine : on élève l'édifice en s'occupant uniquement de l'emploi des matériaux ; la porte, la croisée se placent au hasard ou à l'imitation des constructions voisines ; le bâtiment, construit, se trouve mal ordonné, mal ajusté, lorsque pour le même prix, il eût pu être plus commode, plus agréable. L'architecture cesse alors d'être un art ; elle n'est plus qu'un métier grossièrement utile aux premiers besoins de la vie, et se réduit, comme chez les peuples sauvages, à construire un abri contre les injures du ciel et l'intempérie des

(1) Voyez Planches 20, 21 et 22.
(2) Voyez Planches 24 et 26, et l'article qui les concerne.
(3) Voyez Planches 19, 20 et 22.
(4) Voyez Planches 19 et suivantes.

saisons. Mais le perfectionnement général vers lequel marchent les peuples civilisés ne peut laisser aucun art négligé. Déjà, dans les campagnes qui avoisinent les grandes villes, on ne tolère plus l'usage du chaume pour couvrir les maisons; les habitations les plus simples prennent une meilleure forme; on n'y introduit plus le jour par des lucarnes ou des soupiraux (1); la plupart des corrections que l'intérêt commande sont également réclamées par le goût. L'homme tend naturellement à améliorer sa situation, à augmenter ses jouissances; la routine et la paresse s'opposent seules au perfectionnement de la distribution et d'une décoration simple et raisonnée. Pour faire disparaître ces obstacles, on ne saurait trop aplanir les difficultés qui semblent épouvanter le simple Ouvrier. Nous avons entrepris de l'aider à les surmonter sans efforts, et presque sans y penser, et nous espérons que le maçon, en maniant sa truelle ou en équarrissant sa pierre, le menuisier, le charpentier, en travaillant leur bois, et le serrurier, en façonnant son fer, trouveront ici les moyens de s'instruire facilement des premières règles de l'art.

L'intelligence de cet Ouvrage les conduira naturellement à celui de notre *Recueil varié de Plans et de Façades* (2), dans lequel ils trouveront plus de cent cinquante plans, tant de maisons de ville et de campagne, que de monumens publics et particuliers, accompagnés de leurs façades, dont l'usage deviendra d'autant plus facile que les principes très-élémentaires de celui-ci serviront de guides pour les détails des plans, des élévations et des coupes de celui que nous indiquons.

(1) Croisées trop petites en raison de la grandeur des pièces pour en renouveler l'air.
(2) A Paris, chez l'Auteur, rue des Noyers, n° 31; et chez les principaux libraires. Prix, 25 francs.

AVERTISSEMENT.

L'usage reçu depuis long-tems établit chaque Ordre composé de son piédestal, de sa colonne et de son entablement : nous avons combiné la proportion de nos Ordres suivant cette méthode, au moyen d'une échelle générale de grandes parties pour l'ensemble, et de moyennes parties pour les détails (1). Dans les rapports du piédestal et de l'entablement avec la colonne, nous avons pris un terme moyen entre ceux qu'ont adoptés les divers auteurs classiques. Ainsi, la proportion de nos entablemens, généralement reçue comme la plus convenable, est entre le quart et le cinquième de la colonne ; celle du piédestal a une grande partie de plus en hauteur que l'entablement dans l'Ordre Toscan, une grande partie et demie dans le Dorique, et deux grandes parties dans l'Ionique, le Corinthien et le Composite, toujours de plus que l'entablement de chacun de ces Ordres. Le diamètre des colonnes est toujours de trois grandes parties ; et si l'Ordre qu'on se propose, par exemple, est l'Ordre Ionique, la colonne aura 27 grandes parties de hauteur, et son entre-colonnement simple sera de 10 grandes parties $^3/_4$ d'axe en axe (2). Six de ces mêmes parties, reportées au dessus de la colonne, donneront la hauteur de l'entablement ; et si l'on voulait poser la colonne sur un piédestal, on porterait au dessous d'elle 8 de ces mêmes parties, ce qui ferait pour la hauteur totale 41 grandes parties ; mais cette augmentation de hauteur pour le piédestal nécessiterait, d'après cela, un plus grand entre-colonnement, lequel serait percé d'une arcade, suivant *Vignole* (3) : il aurait alors d'axe en axe 22 grandes parties $^1/_2$, et l'arcade en aurait 16 de largeur sur 32 de hauteur. On sent aisément par là que la colonne seule règle la proportion générale, et que, ayant une hauteur déterminée pour quelque Ordre que ce soit, sans piédestal (ce qui se pratique le plus ordinairement), pour la colonne et l'entablement Ionique cités plus haut, on divisera cette hauteur en 33 grandes parties, dont 27 pour la colonne et 6 pour l'entablement ; au lieu que si, avec la même hauteur, on posait l'ordre sur son piédestal, celui-ci ayant pour sa proportion 8 grandes parties, il faudrait diviser cette hauteur en 41 grandes parties, comme nous l'avons dit ci-dessus.

La hauteur de l'entablement, qui doit varier pour les rapports de divisions avec celles de la colonne, sera toujours subdivisée à chaque Ordre en 20 moyennes parties, qui chacune, au besoin, seront subdivisées elles-mêmes soit par tiers ou par quarts, et même au dessous, et donneront la proportion de toutes les moulures, ainsi que celle de leurs saillies. Voulant aussi distinguer plus particulièrement la corniche de chaque

---
(1) Nous les désignons par G. P. pour les grandes parties, et M. P. pour les moyennes parties.
(2) Voyez Planche 16.
(3) *Idem.*

AVERTISSEMENT.

Ordre, nous avons adopté des mutules seules pour le Dorique, les denticules pour l'Ionique, et les doubles modillons pour le Composite. Nous observerons cependant pour le Corinthien qu'on pourrait y tailler les denticules dans la face que nous laissons lisse au dessous des modillons (1); mais alors on ne mettrait pas d'oves au quart de rond qui couronne la face, ni d'ornemens au talon qui la supporte.

Nous pensons que ce simple exposé suffira pour faire connaître la marche adoptée pour chaque Ordre, d'autant plus que les figures et l'explication qui y ont rapport feront aisément concevoir leur exécution; et comme avec l'amour de son art le goût de s'instruire davantage devient un besoin, nous renvoyons, pour les plus beaux Ordres d'architecture que les anciens nous ont laissés pour exemples, à notre *Nouveau Parallèle des Ordres d'architecture des Grecs, des Romains, et des auteurs modernes* (2), ouvrage classique et élémentaire qui embrasse tout ce qui a rapport aux Ordres, exécuté dans toutes ses parties avec le plus grand soin, tant pour ses détails que pour l'exactitude de ses mesures, et accompagné d'un texte explicatif de chaque planche.

DES MOULURES.

Les entablemens, les corniches, les bases, sont composés de grandes et de petites moulures. On nomme grandes moulures les doucines ou cymaises, les quarts de rond, les talons, les cavets, et, pour les bases des colonnes, les tores et les scoties; les petites sont les réglets, les filets, les listels ou listeaux. Les petites moulures servent à faire valoir les grandes, à leur donner du relief. Souvent le quart de rond, le talon et le cavet, deviennent aussi de petites moulures, comme on le voit entre les faces des architraves, des impostes et des archivoltes, et même aux chambranles des portes et des fenêtres. A l'égard de la doucine ou cymaise, du larmier, de la face denticulaire et de la plate-bande des modillons, ces moulures sont toujours grandes et couronnées de plus petites. Il en est de même du quart de rond et du talon dans les corniches. Le grand et le petit tore, ainsi que la scotie, ne s'emploient qu'aux bases, et ils sont toujours séparés par des listels et par des astragales ou baguettes.

REMARQUE.

Les principes de cet art sont l'exactitude dans les mesures et la régularité dans les lignes et les profils. Pour les obtenir dans le dessin des plans, coupes et élévations, il faut avoir des règles bien dressées, des équerres bien vérifiées, des compas dont les pointes soient bien égales et fines, et avoir aussi ses crayons toujours taillés très-fin (3). On se sert aujourd'hui d'une espèce de règle qu'on nomme un T, parce qu'elle en a la forme, et qui sert en même tems de règle et d'équerre; mais nous n'approuvons pas cette manière de travailler; car, outre que pour s'en servir avec succès il faut que le papier soit fixé sur une table ou sur une planche parfaitement équarrie, il arrive le plus souvent que le tems influe dans l'assemblage des bois, et les fait disjoindre assez pour ne pas pouvoir compter du jour au lendemain sur la rectitude nécessaire au dessin qui y serait attaché, et que l'on se proposerait de terminer avec soin. La règle

---

(1) Voyez Planche 10.
(2) A Paris, chez l'auteur, rue des Noyers, n° 31; et chez les principaux libraires. Prix. 40 francs.
(3) Ces observations, toutes minutieuses qu'elles paraissent, n'en sont pas moins essentielles dans la pratique.

et l'équerre sont donc, suivant nous, les seuls instrumens les plus propres et les plus sûrs pour parvenir à bien faire et avec exactitude.

L'instrument que l'on nomme *tire-ligne* est sans doute commode, expéditif, susceptible de plus de régularité qu'on ne peut en obtenir peut-être avec la plume ; mais nous pensons qu'il a l'inconvénient de rendre la main paresseuse et lourde : on ne peut s'en servir ni pour profiler, ni pour dessiner; il faut y raccorder sa plume, dont le trait, quand il est bien exprimé, est toujours plus moelleux. Nous ne prétendons pas cependant, par cette observation, en blâmer l'usage ; mais, pour les commençans, nous préférerions celui de la plume, comme étant plus légère et plus propre à former la main.

FRONTISPICE.

Nous offrons dans ce Frontispice l'idée des cinq Ordres d'architecture, qui sont *le Toscan*, *le Dorique*, *l'Ionique*, *le Corinthien* et *le Composite* (1).

Les cinq Ordres, qui sont la base, et pour ainsi dire le principe de l'Architecture, sont toujours divisés en trois parties, comme *le Piédestal*, *la Colonne* et *l'Entablement*; chacune de ces parties est divisée pareillement en trois autres, qui sont, pour *le Piédestal*, sa base, son dé et sa corniche; pour *la Colonne*, sa base, son fût ou sa tige, et son chapiteau; pour *l'Entablement* enfin, l'architrave, la frise et la corniche.

L'espacement et le diamètre des colonnes étant les mêmes, on pourra juger au premier aspect de leur proportion respective, ainsi que de celle de leur entablement et de leur piédestal; et par les lignes ponctuées, prises à l'axe de la colonne Corinthienne au dessus de son chapiteau, ainsi qu'au dessus de son piédestal, ces deux lignes prolongées et passant sur ceux de l'Ionique, du Dorique jusqu'au Toscan, on se convaincra de leur exacte gradation. Les grandes parties sur lesquelles ils sont établis sont tracées en forme d'échelles sur chaque côté du cadre; elles y sont numérotées depuis 1 jusqu'à 46, qui est la plus grande division, celle de l'Ordre Corinthien. La hauteur de chacun des Ordres est marquée d'un chiffre plus fort, et correspond par une ligne ponctuée à la hauteur totale de chacun d'eux. C'est ainsi qu'en s'y reportant on verra que *le Toscan* a 32 grandes parties de hauteur totale, *le Dorique* 36 ½, *l'Ionique* 41, *le Corinthien* et *le Composite* 46. Chaque entablement en particulier est subdivisé, en raison de sa hauteur, en 20 moyennes parties pour la proportion de ses moulures et de celles de l'Ordre en général, et dans l'ensemble de ses masses (le Dorique excepté) en 5 parties, dont deux pour la corniche, et les trois autres divisées par moitié, l'une pour la hauteur de la frise et l'autre pour celle de l'architrave; de sorte que la corniche a toujours 8 moyennes parties de hauteur, et la frise et l'architrave chacune 6 moyennes parties.

(1) Nous n'y avons point compris l'Ordre Dorique imité des Grecs; il se trouve dans l'Ouvrage à la suite des cinq Ordres. Ce même Ordre est celui que l'on nomme vulgairement l'Ordre *Pœstum*. Nous avons adapté sur le fût de la colonne deux sortes de chapiteaux, l'un tiré du Panthéon à Athènes, et l'autre tenant de ceux du grand temple à Pœstum. Voyez planches 14 et 15, et notre *Nouveau Parallèle des Ordres d'Architecture* pour ce qui concerne ce dernier.

LE
VIGNOLE DES OUVRIERS.

LES CINQ ORDRES
D'ARCHITECTURE.

PLANCHE PREMIÈRE.

La première Planche se compose des principes fondamentaux de l'Architecture, qui s'établissent par des lignes horizontales et verticales et par des parallèles aux unes et aux autres, dont on forme des carrés et des parallélogrammes; de cercles et portions de cercles dont les croisemens, ou sections, sont des axes par lesquels on fait passer des diagonales; de sections ou opérations géométriques pour la courbure ou le galbe de toutes les moulures adoptées pour l'Architecture; de l'ovale A, dont le diamètre d'un cercle, passant par l'axe d'un autre cercle de la même grandeur, donne par leur intersection les centres de courbes qui, les réunissant, en forment l'ovale régulier. La moitié de cet ovale se nomme communément *anse de panier;* on l'emploie souvent pour les cintres de caves, ou d'un moindre exhaussement, tel qu'en la figure B.

OBSERVATION.

Une chose essentielle, et qu'on ne saurait trop observer, c'est de ne point prendre au compas des fractions de parties seules, mais de les prendre jointes à de plus grandes parties entières, et de partir toujours du même premier point fixe. Une corniche, par exemple, a 8 moyennes parties de hauteur; si, pour la proportion de sa première moulure, vous avez déjà marqué une partie entière, et que vous ayez à porter $1/4$, $1/3$, $1/6$, ou $1/8$ au dessous ou au dessus de cette partie déjà marquée, vous prendrez sur l'échelle une partie $1/4$, une partie $1/3$, etc., en partant toujours du premier point. Si vous avez à ajouter encore une autre partie, vous prendrez alors deux parties $1/4$ ou deux parties $1/3$, etc., et partant toujours du même premier point; et ainsi pour telle autre subdivision que ce soit, plutôt que de les porter partiellement les unes au dessus des autres, les pointes de compas n'étant jamais assez fixes pour ne pas varier par plusieurs divisions de ce genre dans une certaine hauteur. La même observation est applicable aux longueurs et aux largeurs.

DE L'ORDRE TOSCAN. [1]

PLANCHE 2.

Ayant une hauteur déterminée pour l'Ordre Toscan avec son piédestal (2), il faut diviser cette hauteur en 32 parties, que nous nommons grandes parties, dont on prendra 5 pour la hauteur de l'entablement, 21 pour la colonne, et 6 pour le piédestal (3). Il faut diviser les 5 parties qui forment la hauteur de l'entablement en 20 parties, que nous nommons moyennes, en prendre 8 pour la corniche, 6 pour la frise, et les 6 autres pour l'architrave (4).

De la Corniche (5).

Des 8 moyennes parties qui forment sa hauteur, il faut en prendre 2 pour le quart de rond, 2/3 de l'une des autres pour la baguette, et 1/3 pour le filet au dessous, 2 2/3 pour le larmier, 1/3 pour le filet qui couronne le talon, et 2 pour le talon.

De la Saillie de la Corniche.

A partir de la ligne prolongée de la frise, ou du vif de la colonne qui la règle, il faut porter en avant les 8 mêmes parties qui forment la hauteur de la corniche pour en avoir la saillie, et de ce point abaisser une ligne parallèle à la frise. Du devant du quart de rond, qui en est l'extrémité, au devant de la baguette 1 M. P. 2/3, du même point jus-

---

(1) L'Ordre Toscan, dont les auteurs qui ont traité n'ont aperçu que quelques traces dans l'antiquité, paraît avoir été proportionné par Vignole de la manière la plus satisfaisante, puisque c'est celui que d'habiles architectes ont adopté et souvent mis en œuvre. Nous n'y avons changé que quelques proportions relatives, donné moins de saillie à la corniche, en la réduisant au carré de sa hauteur, et supprimé le filet du tailloir du chapiteau, qu'il serait aisé de rétablir en lui donnant un tiers de moyenne partie de hauteur et autant en saillie ; ce qui réduirait l'abaque, ou face du tailloir, à une moyenne partie deux tiers.

(2) Voyez Planche 3.

(3) Comme on emploie rarement le piédestal, on en retrancherait la hauteur, et la division totale pour la colonne et son entablement se réduirait alors de 32 à 26 G. P. Le diamètre des colonnes étant toujours de 3 G. P. pour tous les Ordres, cette note doit servir pour ceux qui vont suivre.

(4) C'est pour concilier la manière de voir de divers auteurs avec les exemples antiques, qui varient sur la hauteur que doit avoir la frise, en raison de la corniche et de l'architrave, que nous l'avons mise, pour le Toscan, l'Ionique, le Corinthien et le Composite, de hauteur égale à l'architrave, la saillie des moulures du couronnement de l'architrave la remettant à l'œil dans la proportion qui lui convient, qui est celle d'être un peu moins haute que l'architrave, avec cette observation cependant que, pour les Ordres Ionique, Corinthien et Composite, il faut la tenir toujours un peu plus haute aux dépens de l'architrave, si on veut l'orner de sculpture ; et, pour obtenir les mêmes rapports entre les faces et les moulures de cette partie de l'entablement, il faut, après l'avoir établi suivant la première règle, se servir de l'échelle de réduction. Voyez Planche 33.

(5) D'après notre manière d'opérer, comme c'est la hauteur de l'entablement qui règle pour tous les Ordres, et que les 20 M. P. dont on en doit diviser la hauteur servent d'échelle pour les proportions et les saillies des moulures, nous commencerons, pour chaque Ordre, notre description de détails par l'entablement, en suivant toujours jusqu'à la base du piédestal.

qu'au devant du filet 2 M. P., et jusqu'à la face du larmier 2 M. P. $^2/_3$, du même quart de rond au devant du filet qui couronne le talon 6 M. P.; le talon est $^1/_4$ en retraite sous son filet, comme il saille d'un autre $^1/_4$ sur le devant de la frise. Sous le larmier est une mouchette pendante, renfoncée de $^1/_3$ de M. P. dont le champ vers la face du larmier a $^1/_3$, de même qu'au devant du filet au dessus du talon.

De la Frise, de l'Architrave et de sa Saillie.

La frise a 6 M. P. de hauteur, de même que l'architrave dont le listel a 1 M. P. de hauteur sur autant de saillie, et dont la face se termine en congé sous le listel. Il faut observer, pour tous les Ordres, que la première face de l'architrave, quand il y en a plusieurs, ainsi que la frise, tombent toujours à-plomb du nu ou vif de la colonne.

Du Fût de la Colonne.

Trois des grandes parties qui forment la hauteur de la colonne donneront le diamètre de son fût jusqu'au tiers de sa hauteur. Le fût se prend toujours du dessus du tore au dessus de l'astragale; les trois grandes parties formant la base du même fût seront divisées en 12 P., dont 9 $^1/_2$ en formeront la diminution sous l'astragale, le gorgerin s'élevant au dessus verticalement, ou bien, le diamètre sous l'astragale sera de $^1/_5$ de moins que celui du même fût pris au dessus de la base; et l'on reportera la saillie des moulures d'après celle indiquée sur le plan du chapiteau. Le fût des colonnes aboutit toujours en congé sur chaque orle ou ceinture.

Du Chapiteau.

Pour en avoir la hauteur sous le soffite de l'architrave jusque sur l'astragale, on prendra la moitié du diamètre de la colonne à la base de son fût, que l'on divisera en trois parties égales, la première pour le tailloir, la seconde pour le quart de rond et son filet, dont on prendra $^1/_6$ pour la hauteur, et la troisième pour le gorgerin. L'astragale aura $^2/_3$ de M. P. de hauteur, et la ceinture au dessous $^1/_3$.

De la Saillie du Chapiteau.

Le carré du tailloir aura 7 M. P. $^1/_2$ sur chaque face, ou saillira de 2 M. P. sur le vif du gorgerin ou fût de la colonne; de cette saillie abaissée perpendiculairement jusqu'au devant du filet sous l'ove 1 M. P. $^1/_2$, ainsi que pour la ceinture sur laquelle l'astragale ou baguette saillira de $^1/_3$; le diamètre du quart de rond est $^1/_4$ en retraite sous chaque face du tailloir.

PLANCHE 3.

De la Base de la Colonne.

La moitié du diamètre formera la hauteur de la base, y compris la ceinture; cette moitié sera divisée en deux P., dont la première sera pour la plinthe, et la seconde subdivisée en 5, dont 4 pour le tore et la 5me pour la ceinture.

DE L'ORDRE TOSCAN.

De la Saillie de la Base.

La plinthe aura 16 M. P. sur chaque face ; le diamètre du tore doit y tomber à-plomb ; et la ceinture aura $3/4$ de partie de saillie sur le fût de la colonne qui doit y aboutir en congé.

Du Piédestal, de sa Corniche.

Trois M. P. seront la hauteur de la corniche, dont une pour le réglet et deux pour le talon au dessous.

De la Saillie de la Corniche.

Cette saillie, prise au devant de la plinthe ou du dé, qui en a la même largeur, 16 M. P., sera de 2 M. P., et le talon sera $1/4$ de M. P. en retraite sous le réglet, comme aussi $1/4$ en saillie sur le dé.

De la Base du Piédestal.

Cette base, comme la corniche, aura 3 M. P. de hauteur, dont on prendra la moitié de celle supérieure pour en former le listel.

De la Saillie de la Base.

La saillie du socle sur le dé sera de 2 M. P., et celle du listel, sur lequel le dé doit se terminer en congé, sera d'une moyenne partie.

De l'Imposte et de sa Saillie. (Voyez Pl. 2.)

L'imposte aura 6 M. P. de hauteur, dont le listel qui la couronne aura 1 M. P., la deuxième face 3 M. P. $1/4$, et la première face 1 M. P. $3/4$. La saillie du listel sur le bandeau, qui doit tomber à-plomb du pied-droit, aura 1 M. P. $1/2$, et chaque face saillira $1/4$ de partie, la première sur le pied-droit, et la seconde sur la première face ; la seconde aboutira en congé sous le listel.

De l'Archivolte et de sa Saillie.

L'archivolte aura 5 M. P. de largeur, dont le listel en aura 1 sur autant de saillie, et les quatre autres pour le bandeau, qui se terminera en congé sous le listel.

Cet Ordre n'est susceptible d'aucun ornement, ne convenant qu'aux édifices rustiques. On le voit au Luxembourg, à Paris, alterné dans sa hauteur d'assises simples et d'assises à bossages : c'est un caractère soutenu dans tous les ordres de cet édifice, et que le goût de son auteur leur a approprié, mais qui ne peut faire autorité. (Voir *le Nouveau Parallèle* pour le Toscan des autres auteurs.)

DE L'ORDRE DORIQUE.

PLANCHE 4.

Ayant pareillement une hauteur déterminée pour l'Ordre Dorique avec son piédestal (1), il faut diviser cette hauteur en 36 grandes parties $^1/_2$, dont on prendra 5 $^1/_2$ pour l'entablement, 24 pour la colonne, et 7 pour le piédestal; ensuite il faut diviser les 5 G. P. $^1/_2$ qui forment la hauteur de l'entablement en 20 moyennes parties, en prendre 6 $^1/_2$ pour la hauteur de la corniche, 8 $^1/_6$ pour la frise, et les 5 M. P. $^1/_3$ restantes seront pour l'architrave.

De la Corniche.

Le réglèt qui la couronne aura $^1/_2$ M. P., le cavet au dessous 1 M. P. $^1/_2$, le filet ensuite $^1/_6$, et la petite cymaise, ou talon, $^3/_6$; la hauteur du larmier aura 1 M. P. $^2/_3$; le talon qui couronne les mutules aura $^3/_6$ de hauteur, dont $^2/_6$ seulement seront renfoncés sous le plafond du larmier, et $^1/_6$ sera apparent au dessous. La face servant de fond aux mutules aura de hauteur, ainsi que les mutules, 1 M. P. $^1/_6$; les gouttes sous leur plafond auront $^1/_3$ de saillie pendante, prise aux dépens des mêmes mutules; elles seront au nombre de 36, dont 6 apparentes sur chaque côté (2); la petite baguette au dessous du fond des mutules aura $^1/_6$, et le chapiteau des triglyphes aura $^2/_3$ de M. P.

De la Saillie de la Corniche.

Du nu du fût de la colonne sous l'astragale, qui doit régler le devant de la face de l'architrave, ainsi que celle de la frise, et de cette ligne prolongée verticalement jusqu'au dessus de la corniche, la saillie du réglet de la corniche sera de 9 M. P. $^2/_3$; de sa verticale abaissée parallèlement à la frise et à l'architrave jusqu'au devant du filet qui couronne la petite cymaise (3), 1 M. P. $^3/_6$, sur lequel le cavet saillira $^1/_6$; et jusqu'au devant du larmier, 2 M. P. Le champ de la mouchette pendante sous le larmier aura $^1/_3$ de M. P., et partant toujours de la ligne verticale de la saillie de la corniche jusqu'au devant du mutule, 3 M. P. $^1/_3$, et de cette verticale jusqu'à la face du fond des mutules, 9 M. P., à-plomb de laquelle se profilera la baguette placée au dessous.

De la Frise et de la Saillie des Triglyphes.

Les triglyphes qui sont placés dans la frise auront 5 M. P. $^1/_2$ de largeur et 8 $^1/_6$ de hauteur, qui est aussi celle de la frise, ainsi que la même distance de l'un à l'autre, le métope devant toujours être carré. On observera que les triglyphes doivent toujours tomber à-plomb sur l'axe des colonnes. Pour la distribution de leurs canaux, on en divi-

---

(1) Voyez Planche 5.
(2) Voyez le plafond, Planche 13.
(3) Toutes ces petites moulures, soit qu'elles saillent sur un larmier, un mutule, ou toutes autres moulures, ou qu'elles soient placées sous un filet ou listel, leur saillie ou leur retraite seront toujours du quart de leur hauteur, quand nous ne leur aurons pas assigné une autre mesure.

sera la largeur en trois ; chacune de ces trois divisions sera subdivisée en quatre, dont l'une d'elles, portée de chaque côté des trois premières divisions, en formera les canaux et les demi-canaux de leurs angles, qui seront creusés vers le centre de $1/6$ de M. P. de profondeur, et le champ au dessus aura $3/6$ de hauteur ; la saillie des triglyphes sur la frise aura $1/6$ de M. P., et le chapiteau qui les couronne $1/6$, ainsi que sur le fond de la frise ou du métope.

De l'Architrave et de sa Saillie.

L'architrave ayant 5 M. P. $1/3$ de hauteur, on donnera $2/3$ de M. P. au réglet sous lequel sont placées les gouttes qui correspondent aux triglyphes ; ce réglet aura en saillie sa hauteur, ou $2/3$; le filet et les gouttes au dessous auront $2/3$ de M. P., dont $1/6$ pour le filet. L'axe des gouttes sera d'aplomb sous chaque angle extérieur des canaux ; elles auront $2/3$ à leur base et $3/6$ sous le filet ; elles sailliront sur la face de l'architrave de $3/6$ de M. P., c'est-à-dire engagées du quart de leur diamètre, étant ordinairement circulaires.

Du Fût de la Colonne.

Trois des vingt-quatre grandes parties formant la hauteur de la colonne en donneront le diamètre, dont le fût sera droit du dessus de la base jusqu'au tiers ; puis on portera 9 M. P. $1/4$ sous l'astragale, et l'on aura la diminution du fût. Ou bien le diamètre sous l'astragale sera de $1/6$ de moins que celui du même fût pris au dessus de la base ; ce rapport différant de très-peu, la saillie des moulures du chapiteau restera la même, à partir de l'axe de la colonne. Les cannelures dont on orne ordinairement la tige de la colonne sont au nombre de vingt, sans aucun autre espace entre elles que les extrémités des lignes courbes qui les forment, et dont le centre se prend de l'axe du carré de la diagonale de leur ouverture, ou bien d'un angle équilatéral tangent à leurs côtés (1) ; elles sont terminées par le haut et par le bas dans la même forme que leur profondeur, à $1/2$ M. P. de distance à chaque orle.

Du Chapiteau.

Le chapiteau aura, du dessous du soffite de l'architrave au dessus de l'astragale, 5 M. P. $1/2$, ou un demi-diamètre du fût de la colonne pris à sa base, que l'on divisera en trois parties : la première pour le tailloir, dont le filet qui le couronne aura $1/4$, le talon au dessous $1/2$, et la face du tailloir 1 M. P. $1/8$; la seconde comprendra le quart de rond et les trois filets au dessous : le quart de rond aura 1 M. P. $1/8$; et les trois filets chacun $1/4$ de M. P. ; la troisième, pour la hauteur du gorgerin, aura 1 M. P. $3/4$, la baguette ou l'astragale aura $1/2$ M. P., et la ceinture au dessous $1/4$.

De la Saillie du Chapiteau.

Le tailloir aura 14 M. P. sur chaque côté, ou dans son carré pris à la face de son filet ; du devant du filet jusqu'au devant de la face du tailloir, $5/8$; du même point jusqu'au quart de rond, $3/4$. Chaque filet au dessous du quart de rond et au dessus du gor-

(1) Voyez Planche 1re.

gerin aura en saillie sa hauteur. La saillie de l'astragale sera à-plomb de celle du troisième filet sous le quart de rond, et la ceinture du filet du milieu. Le talon du tailloir sera en saillie sur sa face, comme en retraite sous le filet qui le couronne du quart de sa hauteur.

PLANCHE 5.

De la Base de la Colonne.

La base aura, comme le chapiteau, 5 M. P. 1/2 de hauteur, y compris la ceinture qui aura 1/2 M. P. de hauteur, ainsi que la baguette placée au dessous; le tore 2 M. P., et la plinthe 2 M. P. 1/2.

De la Saillie de la Base.

Le carré de la plinthe de la base aura 15 M. P. 1/2 sur chaque face; il règle la saillie du tore. La ceinture saillira sur le fût de 3/4 de M. P., et la baguette de 3/8 sur la ceinture.

Du Piédestal.

Le dé du piédestal est de la même largeur que la plinthe de la base. La corniche a 2 M. P. 3/4 de hauteur, dont la première sera divisée en quatre : une d'elles sera pour la hauteur du réglet, deux autres pour le quart de rond, et la quatrième pour le filet au dessous; le larmier, 1 M. P. et les 3/4 de M. P. qui font le complément de sa hauteur pour celle du talon.

De la Saillie de la Corniche.

La saillie, prise au devant de la plinthe ou du dé, sera de 2 M. P. 3/4 de la perpendiculaire abaissée, au devant du larmier 3/4, et 2 M. P. 1/8 jusqu'au devant du talon qui saillira 1/8 sur le dé, ainsi qu'il sera en retraite sous le soffite ou plafond du larmier sous lequel il y a une mouchette pendante renfoncée de 1/4 de M. P. formant filet sur le talon, et, se terminant en congé, à 1/4 de M. P. du devant de la face du plafond du larmier.

De la Base du Piédestal.

Cette base aura 4 M. P. de hauteur, dont 2 1/4 pour le socle, 1 pour le talon renversé, 1/2 pour la baguette au dessus, et 1/4 pour le filet qui la surmonte, sur lequel le dé doit aboutir en congé.

De sa Saillie.

Du devant du dé au devant du socle, 2 M. P.; jusqu'au devant du filet tenant au dé 1 M. P. 1/2, sur lequel la baguette saillira 3/8 de M. P., et le talon de 1/8 au delà de son aplomb, et sera en retraite sur le socle de 1/4 de partie.

De l'Imposte et de l'Archivolte. (Voyez Pl. 4.)

L'imposte et l'archivolte ont 5 M. P. 1/2 chacune de hauteur. Le réglet qui en forme la première moulure aura 1/2 M. P., le quart de rond 1, la baguette au dessous 3/8, et le filet sur lequel elle pose $1/8$; la deuxième face 2 M. P., et la première 1. Les moulures de l'archivolte sont dans les mêmes proportions.

De leur Saillie.

Du devant de l'archivolte correspondant au nu du pied-droit, au devant du réglet de l'imposte, 1 M. P. $3/4$, le quart de rond est en retraite de $1/8$ au dessous; partant toujours de la saillie du réglet au devant de la baguette 1 M. P., chaque face saillira $1/8$, l'une sur le pied-droit et la deuxième sur la première, et le filet sous la baguette aura $1/4$ de saillie sur la deuxième face. La saillie de l'archivolte est la même que celle de l'imposte, mais son réglet est en retraite de $1/8$ sur celui de l'imposte par l'effet de l'aplomb de sa première face sur le pied-droit.

On orne rarement les moulures de cet Ordre; la frise seule en a paru susceptible. Palladio et Vignole en ont orné les métopes avec des têtes de victimes, des patères et des instrumens propres aux sacrifices, c'est-à-dire qu'on peut y appliquer tous détails d'ornemens en rapport avec le monument auquel il serait adapté, et même dans ce cas sculpter des raies de cœur les talons, et d'oves le quart de rond du chapiteau. (Voir le *Nouveau Parallèle* pour les Ordres Doriques grecs et romains, et ceux des auteurs modernes.)

DE L'ORDRE IONIQUE.

PLANCHE 6.

Voulant employer l'Ordre Ionique, après s'être déterminé pour la hauteur qu'on voudra lui donner, il faudra diviser cette même hauteur en 41 grandes parties (1), en prendre 8 pour le piédestal, 27 pour la colonne, et 6 pour l'entablement. Il faudra ensuite diviser les 6 grandes parties formant la hauteur de l'entablement en 20 moyennes parties, dont 8 seront pour la hauteur de la corniche, 6 pour celle de la frise, et les 6 autres pour l'architrave. Les subdivisions de ces mêmes parties serviront de mesure pour les diverses proportions des moulures de cet ordre.

De la Corniche.

Le réglet qui forme l'extrémité de la corniche aura ½ M. P., la grande cymaise au dessous 1 M. P. ¼, le filet ou listel ensuite ¼, et le talon qui suit ½ M. P., le larmier 1 M. P. ½, le quart de rond ou ove 1 M. P., la baguette au dessous ⅜, et le filet ensuite ¼; les denticules auront 1 M. P. ⅜ de hauteur, et la bande sur laquelle elles sont appuyées les dépassera de ¼; et le talon qui termine la corniche aura de hauteur ¾ de M. P., ce qui complète les 8 M. P. pour sa hauteur totale.

De la Saillie de la Corniche.

De la ligne du fût ou vif de la colonne prolongée et déterminant la face de la frise, et conduite jusqu'au dessus de la corniche, on portera au devant de cette ligne les 8 M. P. de la hauteur de la corniche qui en est aussi la saillie, et de la verticale abaissée jusqu'au devant du listel qui sert d'appui à la grande cymaise 1 M. P. ½, et jusqu'au devant du larmier 2 M. P. (La saillie du talon sur le larmier, ainsi que sa retraite sous son filet ou listel, sera du ¼ de sa hauteur.) La mouchette pendante sous le larmier aura ¼ de profondeur; du devant du larmier au cavet qui en forme le bec, ½ M. P., et sa face opposée servant de filet au quart de rond saillira sur lui de ¼ de M. P.; de la même verticale abaissée pour la saillie de la corniche au devant du quart de rond ou ove, 5 M. P., jusqu'au devant de la baguette 5 M. P. ¾, du filet ensuite 6 M. P., et jusqu'au devant des denticules 6 M. P. ¼. Le devant des denticules jusqu'à l'axe de la colonne sera divisé en treize parties, dont deux de ces parties seront la largeur du denticule formant angle, et alternativement, une seule pour son métoché, deux pour le denticule suivant, et ainsi de suite jusqu'à l'axe de la colonne sur lequel doit correspondre un denticule. Pour affaiblir la longueur des denticules, et pour les lier en quelque sorte entre eux, on fait sur le fond de leur bande, ou métoché, une petite face de ⅜ de M. P. de hauteur, prise aux dépens de la même bande, ayant pour saillie la moitié du denticule. Le talon au

(1) Voyez Planche 7.

dessous aura ⅛ en saillie sur la frise, et un autre ⅛ en retraite sous la bande du fond des denticules.

De la Frise.

La frise, comme nous l'avons dit, a 6 M. P. de hauteur; elle peut être ornée de griffons avec candelabres, de rinceaux ou de tous autres ornemens.

De l'Architrave.

L'Architrave a de même 6 M. P. pour sa hauteur; le réglet qui la couronne aura ½ M. P., et le talon au dessous ¾ ; la troisième face aura 2 M. P., la seconde 1 M. P. ½ , et la première 1 M P. ¼ de hauteur.

De la Saillie de l'Architrave.

Le réglet de l'architrave saillira sur la frise de 1 M. P. ¼ ; chaque face sera en saillie de ¼ l'une sur l'autre, et le talon saillira de ⅛ sur la troisième face, et sera pareillement ⅛ en retraite sous le réglet.

Du Fût de la Colonne.

Le diamètre de la colonne pris au dessus de la base aura 3 grandes parties, et 8 moyennes parties ⅓ sous l'astragale, ou le diamètre sous l'astragale sera de ⅐ de moins que celui du fût pris au dessus de la base. (Ce rapport différant de très-peu, la saillie des moulures et du chapiteau restera la même, toujours à partir de l'axe de la colonne.) La frise doit y tomber à-plomb. Le diamètre pris à la base monte perpendiculairement jusqu'au tiers du fût, et va ensuite en diminuant jusqu'au dessous de l'astragale. Ce fût doit être orné de 24 cannelures creusées en demi-cercle, séparées par une côte du tiers de leur largeur; elles se termineront aussi en demi-cercle par le haut et par le bas à la naissance du congé qui aboutit aux deux ceintures opposées, ou bien à la distance d'une demi-partie.

Du Chapiteau.

Pour le chapiteau, 11 M. P. de la division de l'entablement formeront le carré du filet de l'abaque qui doit avoir ¼ de partie de hauteur; 10 M. P. seront les deux extrémités en bas du talon sur le listel de la volute, lequel point, prolongé parallèlement à l'axe de la colonne, sert de cathète à l'œil de la volute (1). La hauteur du chapiteau étant fixée à 5 M. P. ¼ , jusqu'aux 5 P. qui forment sous ce filet la hauteur des volutes, y compris le talon, on divisera cet espace sur la ligne de la cathète en 9 parties égales (2); la première sera pour la hauteur du talon, la troisième celle du quart de rond, entre la cinquième et la sixième, sera le centre de l'œil qui doit couper à angle droit la cathète parallèlement au filet de l'abaque. Cette ligne sera aussi l'axe de la baguette au dessous du quart de rond, à laquelle on donnera ½ M. P. et ¼ de M. P. au filet ou à la ceinture au dessous. Ayant ainsi le centre de l'œil de la volute, de ce point on formera un cercle dont le diamètre sera la rencontre des points cinq et six, desquels points on projettera

---

(1) Voyez Planche 8, Fig. 1ʳᵉ.
(2) Voyez Planche idem.

DE L'ORDRE IONIQUE.

des lignes diagonalement sur la rencontre du même cercle, sur la ligne horizontale et perpendiculaire, traversant l'axe de l'œil, ce qui formera un carré posé sur l'angle. Deux parallèles à ces côtés doivent passer par l'axe de l'œil, et de cet axe la rencontre d'une des diagonales du carré sera divisée en trois parties égales, lesquelles seront reportées des trois autres côtés du centre, et donneront les douze points qui doivent servir à décrire par quart de portion de cercle la spirale de la volute (1). Pour avoir le contour du listel, qui doit avoir sous le talon du tailloir, comme le filet de l'abaque, 1/4 de M. P., on divisera chacune des trois parties, ou chaque intervalle des douze points, qui forment le contour extérieur, en quatre parties égales, dont celle au dessous de chaque premier centre en donnera exactement la courbure et la diminution vers l'œil. La saillie de la ceinture, à partir du fût ou vif de la colonne, aura 1/2 M. P.; celle de la baguette sera fixée par la ligne de la cathète ou centre de l'œil; et celle du quart de rond sera de 1 M. P. 5/6, prise, comme la ceinture, au devant du fût de la colonne.

Nota. Si l'on trouvait les volutes du chapiteau saillantes ou trop portées au delà du fût, on pourrait diminuer le carré de l'abaque de 1/4 de M. P., plus ou moins, et, du reste, suivre la même règle pour le tracé des volutes, la saillie des moulures, la ceinture et les coussinets de leur profil.

Du Profil et de la Coupe du Chapiteau.

Pour la figure du chapiteau sur ses côtés, la ceinture ou baudrier qui en lie les coussinets profilés en forme de balustres, elle doit se contourner à partir de 1/8 de M. P. en retraite au dessous du talon de l'abaque, et se prolonger par un galbe en forme de talon, passant au bord du quart de rond, et s'arrondir ensuite jusqu'au niveau du dessous de l'astragale qu'elle doit laisser à découvert de manière qu'il se profile sans interruption. Cette ceinture, en forme de baguette ou double baguette, aura 1 M. P. de largeur et un filet de chaque côté de 1/4 de P., et le listel sur l'angle arrondi des volutes 1/2 M. P.

PLANCHE 7.

De la Base de la Colonne.

La base de l'Ordre Ionique doit être celle Attique; car, remontant à son origine, celle du temple de Minerve Poliade à Athènes, dont les colonnes sont ioniques, en paraît être le modèle; elle n'en diffère que par les proportions et quelques modifications dans le profil. Cette base doit avoir jusqu'au dessous de la ceinture 5 M. P. ou un demi-diamètre; le tore supérieur a 1 M. P., le listel au dessous 1/4, la scotie 3/4, le listel ensuite 1/4, le tore inférieur ou gros tore 1 M. P. 1/4, et la plinthe 1 M. P. 1/2; la ceinture qui fait partie du fût a de hauteur 1/2 M. P.

---

(1) Voyez la planche 8, Figure 2, pour l'ordre des divisions, et quel est le point par lequel on décrit le premier quart de cercle; ils y sont numérotés.

DE L'ORDRE IONIQUE.

De la Saillie de la Base.

La plinthe aura 14 M. P. de face, ou sur chacun de ses côtés, dont on prolongera les extrémités parallèlement à l'axe de la colonne; de cette parallèle au devant de la ceinture 1 M. P. 1/2, jusqu'au tore supérieur 3/4, de même 3/4 jusqu'au filet au dessus du gros tore, 1 M. P. 1/2 jusqu'au fond de la scotie, et 1 1/4 jusqu'au devant du filet terminé en quart de rond sous le tore supérieur. La saillie du gros tore correspond à la face de la plinthe.

Du Piédestal.

La corniche du piédestal aura de hauteur 2 M. P. 1/2, le filet qui la couronne 1/6, le talon au dessous 2/6, le larmier 7/8 de M. P., le quart de rond 5/8, la baguette au dessous 2/6, et le filet qui la supporte 1/6.

De la Saillie de la Corniche.

La saillie de la corniche est de 2 M. P. 1/2, dont la ligne sera prolongée verticalement et parallèlement au nu de la plinthe et du dé, qui en a la même dimension; de cette ligne jusqu'au devant du larmier 1/2 M. P., jusqu'au devant du quart de rond 1 M. P. 1/2, jusqu'à la baguette au dessous 2 M. P., et jusqu'au filet ensuite 2 M. P. 1/4 ; le dé doit y aboutir en congé. Il y a sous le larmier une mouchette pendante, renfoncée de 1/8, dont le champ, depuis l'angle de la face du larmier jusqu'au bec de la mouchette, a 1/4 de M. P.

De la Base du Piédestal.

Sa hauteur sera de deux M. P. 3/4, dont 1 1/4 pour le socle, 1/8 pour le filet au dessus, 1 M. P. pour la cymaise renversée, 1/4 pour la baguette, et 1/8 pour le filet au dessus.

De la Saillie de la Base.

La saillie de la base du piédestal aura 2 M. P., le filet sera 1/8 en retraite sur le socle, du devant du socle au devant de la baguette 1 M. P. 1/2, et jusqu'au devant du filet qui la couronne 1 M. P. 5/8, sur lequel la face du dé aboutira en congé comme sous le filet de la corniche.

PLANCHE 8.

Figure 1re, volute en grand et moitié du chapiteau ionique, avec oves et gousses, ornemens ordinaires du chapiteau; les proportions et divisions nécessaires pour obtenir le contour de la spirale et de son listel; le profil ponctué de ses moulures, ainsi que celui de la ceinture qui lie les coussinets sur ses faces latérales.

Figure 2, divisions en plus grand des points de l'œil de la volute.

Les imposte et archivoltes des Ordres Ionique, Corinthien et Composite.

De l'Imposte et de l'Archivolte Ionique.

L'imposte ionique aura de hauteur 5 M. P., dont le réglet qui la couronne aura 1/4 de

M. P., le talon au dessous $\frac{1}{2}$ M. P., et le larmier ensuite 1 M. P. de hauteur ; le quart de rond sous le larmier $\frac{1}{2}$ M. P., la baguette ensuite $\frac{1}{4}$, et le filet sous la baguette $\frac{1}{8}$; la grande face aura 1 M. P. $\frac{3}{8}$ de hauteur, et la petite face 1 M. P.

De la Saillie de l'Imposte.

Du devant du pied-droit au devant du réglet 1 M. P. $\frac{1}{2}$, de la parallèle au pied-droit et au bandeau, ou la petite face prolongée au devant du larmier, $\frac{1}{2}$ M. P.; jusqu'au devant du filet sous la baguette 1 M. P., sur lequel la baguette saillira de la moitié de sa hauteur. Chaque face saillira $\frac{1}{8}$, la petite face sur le pied-droit comme la grande sur la petite. Cette grande face se terminera en congé par le haut sous le filet de la baguette.

De l'Archivolte.

L'archivolte aura 5 M. P. de hauteur, dont le filet aura $\frac{1}{4}$ de M. P., le talon ensuite $\frac{3}{4}$, et la baguette au dessous $\frac{1}{4}$; la grande face aura 2 M. P. de hauteur, et celle qui sert de bandeau à l'arc 1 M. P. $\frac{3}{4}$.

De la Saillie de l'Archivolte.

Cette saillie, prise du devant du bandeau qui doit tomber à-plomb du pied-droit, aura 1 M. P., la saillie de la grande face sur le bandeau $\frac{1}{8}$ de M. P., et la saillie ou retraite des autres moulures au dessus seront dans la même proportion.

Le chapiteau ionique est susceptible d'être orné dans le canal, ou face continue entre les filets ou listels des spirales de ses volutes, tel qu'on en voit dans l'antique, et comme l'ont fait Palladio et Scamozzi, à la forme près du chapiteau de ce dernier, que nous n'admettons pas. Les moulures de l'entablement peuvent être ornées, le quart de rond avec des oves, les petits talons avec des raies de cœur, et les plus grands avec des feuilles d'acanthes ou des arquettes ; les baguettes, d'olives, d'amandes ou de perles. (Voir *le Nouveau parallèle* pour les Ordres Ioniques antiques des Grecs et des Romains, et ceux des auteurs modernes.)

DE L'ORDRE CORINTHIEN.

PLANCHE 9.

De tous les Ordres, l'Ordre Corinthien est celui que l'on emploie le moins souvent, sa grandeur, sa richesse étant pour ainsi dire l'apanage des monumens publics ou autres édifices importans.

Ayant donc une hauteur déterminée pour cet Ordre, y compris le piédestal, il faudra la diviser en 46 grandes parties (1), dont 9 pour le piédestal, 30 pour la colonne, et 7 pour l'entablement. Les 7 parties formant la hauteur de l'entablement seront divisées en 20 moyennes parties, qui elles-mêmes, au besoin, seront subdivisées et serviront de mesure pour la hauteur et la saillie des moulures et des ornemens dont cet Ordre est composé. De ces 20 M. P., 8 seront pour la hauteur de la corniche, 6 pour celle de la frise, et les 6 autres pour la hauteur de l'architrave.

De la Corniche.

A partir du sommet de la corniche, pour le réglet qui la couronne $1/4$ de M. P., 1 M. P. $1/4$ pour la cymaise au dessous, $1/8$ pour le filet qui suit, et $3/8$ pour la petite cymaise ou talon. Le larmier aura 1 M. P. de hauteur; le talon au dessous, qui fait partie des modillons, $1/3$; la face, ou fond des modillons, 1 M. P. $1/3$, dont on retranchera $1/6$ par le bas pour en détacher les modillons qui ne doivent avoir sur la bande que 1 M. P. $1/6$ de hauteur, et dans la saillie desquels on prendra, sur leur face par le haut, $3/6$ pour celle des coussinets (2). Le quart de rond qui suit 1 M. P., $1/3$ au dessous que l'on partagera en trois, dont deux des divisions, ou $2/9$ de M. P., seront pour la baguette, et la troisième, ou $1/9$, pour le filet au dessous. La face denticulaire aura de hauteur 1 M. P., le filet au dessous $1/8$; ce filet, si l'on refend les denticules, fera partie de la plate-bande du fond de leur intervalle ou métoché; $3/4$ pour le talon au dessous, et $1/8$ pour la baguette qui pose immédiatement sur la frise, ce qui complète les 8 M. P. qui forment la hauteur de la corniche.

De la Saillie de la Corniche.

La saillie sera égale à la hauteur de la corniche, c'est-à-dire de 8 M. P.; la ligne de cette saillie doit être abaissée parallèlement à l'axe de la colonne, ou au devant de la frise et de la petite face de l'architrave, qui correspond également au nu ou vif de la colonne; de cette ligne au devant du filet entre la grande et la petite cymaise 1 M. P. $1/3$, 1 M. P. $5/6$ jusqu'au devant du larmier. La hauteur de la petite cymaise, ou talon au dessus, sera divisée en quatre parties, dont une pour sa retraite sous le filet, et une en saillie sur le larmier, l'espace des deux autres pour le profil du talon. La plate-bande formant le cadre des caissons sous le larmier (3) aura $1/3$ de largeur dans son pourtour,

(1) Voyez Planche 10.
(2) La saillie pendante du revers de la feuille qui les soutient n'a d'autre règle que le goût de celui qui fait exécuter.
(3) Voyez Planche 13.

du devant du larmier au devant du talon des modillons, le talon renfoncé dans les caissons 1/3 de hauteur, ainsi que la face au dessus aussi 1/3 ; et ces fonds ou caissons auront 2 M. P. carrées, et les rosaces 1 M. P. 1/3 de diamètre. Le talon sera en retraite du quart de sa hauteur sous la face du fond des caissons, 2 M. P. 1/6 jusqu'au devant des modillons, 5. M. P. 1/2 pour la face du fond des modillons, 1/8 en sus jusqu'au devant du quart de rond, 6 M. P. 1/3 jusqu'au devant de la baguette, 6 M. P. 2/3 pour la face denticulaire au devant de laquelle le filet au dessous de la baguette saillira de 1/6. Si l'on voulait tailler la face denticulaire, on diviserait, à partir de la saillie de sa face jusqu'à l'axe de la colonne, en treize parties égales, dont les deux premières divisions formeraient le denticule d'angle, et alternativement leur métoché, jusqu'à l'axe de la colonne, à-plomb duquel doit se trouver un denticule (1), de même qu'un modillon ; le talon sera en retraite 1/8 sous le fond des métochés, et la baguette 1/8 en saillie sur la frise sur le devant de laquelle le bas du talon doit tomber; le modillon aura 1 M. P. 1/2 de face, les filets des coussinets qui bordent ses volutes chacun 1/6, ainsi que la baguette du milieu qui en sépare les coussinets. Pour la liaison des denticules au fond des métochés, voyez ce que nous avons dit pour la corniche ionique.

De la Frise.

La face a 6 M. P. de hauteur, comme nous l'avons dit plus haut ; elle peut être ornée ou rester lisse, suivant l'importance de l'édifice auquel l'Ordre est appliqué.

De l'Architrave.

L'architrave ayant de même 6 M. P. de hauteur, le réglet qui couronne le talon aura 1/4 de M. P., le talon au dessous 3/4, et la baguette ensuite 1/4 ; la grande face aura 1 M. P. 3/4, le talon au dessous 1/2 M. P., la seconde face ou celle du milieu 1 M. P. 1/4, la baguette au dessous 1/4, et la petite face 1 M. P.

De la Saillie de l'Architrave.

La saillie prise au devant de la frise sera de 1 M. P. 1/4, et de 3/4 de M. P. jusqu'au devant de la grande face, dont la baguette saillira 1/8 sur elle, ainsi que le bas du talon, et qui sera de la même dimension en retraite sous le réglet qui sert de couronnement à l'architrave ; ensuite, 1 M. P. 1/8 jusqu'à la seconde face qui limite la saillie de la baguette entre elle et la petite face. La retraite du talon qui est entre la grande face et celle du milieu, ainsi que sa saillie sur la petite face, seront chacune de 1/8 de sa hauteur.

Du Fût de la Colonne.

Le fût de la colonne pris au dessus de la base sera de 3 G. P., qui en formeront le diamètre, et de 7 M. P. 1/2 au dessus de l'astragale, ou bien le diamètre sous l'astragale sera de 1/8 de moins que celui du même fût pris au dessus de la base. (Ce rapport se trouve

---

(1) Et, pour ne rien changer à la hauteur de la corniche, on pourrait diminuer celle du quart de rond d'un dixième de M. P., qui, reporté sur celle du fond des denticules ou métochés, les détacherait par le bas de la même manière que dans la corniche ionique, sans rien ôter à leur proportion.

exact.) Il sera taillé de 24 cannelures, séparées par des côtes qui seront du tiers de la largeur des cannelures : elles doivent être creusées en demi-cercle, dont les extrémités par le haut, ainsi qu'à leur base, seront terminées comme celles indiquées pour l'Ordre Ionique.

Du Chapiteau.

Le chapiteau, pris au dessous du soffite de l'architrave, au dessus de l'astragale, aura 10 M. P. de hauteur ; le tailloir dans son épaisseur aura 1 M. P. 1/4, le quart de rond qui en fait partie 3/8, et le filet au dessous 1/8 ; les grandes volutes auront 1 M. P. 3/4 de hauteur ; les petites, ou hélices, sur la même ligne par le bas, auront 3/8 de moins en hauteur, qui seront pour celle de la lèvre du vase ; le revers des feuilles des caulicols sous les volutes aura 1/4 M. P.; du dessus de l'astragale; le premier rang de feuilles aura 2 M. P. de hauteur, et 7/8 pour celle de son revers, et le second rang, ou grandes feuilles, auront au dessus de celles du premier rang 1 M. P. 7/8 et 1 M. P. pour le revers : il restera donc 3/4 de M. P. du dessus des grandes feuilles au dessous du revers de celles des caulicols, qui seront pour la hauteur du culot d'où prend la naissance de la tigette qui, passant derrière les petites volutes, supporte la rose du tailloir, dont le diamètre comprendra, avec l'épaisseur du tailloir, la hauteur de la lèvre du vase. Le corps du vase qui sert d'appui ou de fond aux feuilles, aux caulicols et aux volutes, doit avoir le même diamètre que le haut du fût de la colonne, et rentrer, en s'arrondissant sur l'astragale, de 1/3 de M. P., comme il doit s'en écarter insensiblement au dessus des grandes feuilles pour aller rejoindre par un contour gracieux le bord de la lèvre du vase, qui saillira du devant de son diamètre de 1 M. P. 1/4, et dont le dessus se profile en quart de cercle vers le tailloir. L'astragale aura 1/2 M. P. de hauteur, et la ceinture au dessous 1/4.

De la Saillie du Chapiteau.

Pour avoir la grandeur du tailloir, on formera un carré dont chaque côté aura 12 M. P. (ce carré est le même que celui de la plinthe de la base); par l'angle de ces côtés on fera passer des lignes diagonales ; des pointes des quatre angles du carré, on prolongera des lignes de part et d'autre parallèlement aux lignes diagonales pour avoir l'échancrure du tailloir, qui aura 1 M. P. de face ; de chaque extrémité des mêmes angles du carré, on formera un angle équilatéral, dont l'intersection donnera le centre de la courbure des faces du tailloir. La saillie du filet au dessus du quart de rond, pris au devant de son échancrure, à la diagonale comme à sa courbure, sera de 1/3 de M. P. et de 2/3 jusqu'au bas du tailloir, et dont la face de la même échancrure ou de l'angle du tailloir aura 1/4 de M. P. : c'est à son aplomb que doit aboutir la courbure des grandes volutes. La saillie ou l'épaisseur des feuilles sur le vase au dessus de l'astragale aura 1/4 de M. P., et celle à leur extrémité recourbée sera de 1 M. P. 1/2, leur saillie recourbée en dedans sur elle-même 1/2 M. P.; la saillie des grandes feuilles, prise du même point ou du nu prolongé du fût de la colonne, 2 M. P. 1/4, et leur revers sur elles-mêmes 1/2 M. P.; celles-ci auront 1/4 de saillie sur le vase au dessus des premières feuilles. Les tigettes prennent naissance entre les grandes feuilles du milieu et celles de la diagonale. Sur la ligne du revers des grandes feuilles, à l'endroit où elles prennent la forme d'un culot pour séparer

DE L'ORDRE CORINTHIEN.

les feuilles destinées à supporter les volutes, ce culot aura 1 M. P. de largeur sur sa face, et sera saillant de ½ M. P. sur le vase auquel il sera engagé; les grandes volutes en sortiront en prolongeant l'extrémité de leur enroulement jusqu'au devant du bas de l'angle du tailloir, où elles auront 1 M. P. ⅔ d'écartement parallèlement à cette face. Leur tige, en se contournant, doit s'appuyer sur la diagonale, et leur contour, à la hauteur du dessous du tailloir, le déborder de ½ M. P., et ressortir encore plus vers le bas. Les petites volutes ou hélices déborderont le bas du tailloir au centre de sa courbure de 1 M. P. ½, et elles auront ½ partie de face réunies; elles s'effaceront diagonalement dès leur naissance de la tigette, en s'appuyant vers le milieu du vase avec la même grâce que les grandes volutes et dans les mêmes principes pour le reste, et les feuilles des caulicols suivront le galbe des volutes. Au dessous des angles du tailloir, entre la courbure des volutes, l'usage a consacré une feuille recourbée en sens inverse de la volute qu'on ne voit point aux chapiteaux grecs; l'astragale sera en saillie de ⅝ sur le fût, et la ceinture de ⅜.

PLANCHE 10.

De la Base de la Colonne.

La base aura 4 M. P. ¼ de hauteur; ses moulures auront les proportions suivantes : savoir, la plinthe 1 M. P. ¼, le tore inférieur 1 M. P., le filet au dessus ⅛, de la scotie au dessus jusqu'à la séparation des deux baguettes ⅝, et de ce point jusqu'au filet sous le tore supérieur ½ M. P., le filet ensuite ⅛, et le tore supérieur ⅝; les deux baguettes entre les scoties auront chacune ⅛ de hauteur, et les filets du dessus et du dessous chacun 1/16 de M. P.; l'orle ou ceinture au dessus du premier tore, et qui fait partie du fût, aura ⅜ de hauteur.

De la Saillie de la Base.

La plinthe aura sur chaque face 12 M. P., qui en formeront le carré auquel celui du tailloir doit répondre; de la perpendiculaire élevée à ses extrémités parallèlement à l'axe de la colonne, jusqu'au devant de la ceinture, 1 M. P. ¼, jusqu'au tore supérieur ⅞, jusqu'au filet au dessus 1 M. P. ⅛, jusqu'au filet des baguettes ⅞, pour les baguettes ¾ de M. P., et jusqu'au devant du filet au dessus du tore supérieur ½ M. P.; la face arrondie de ce tore doit tomber à-plomb de celle de la plinthe; le fond de la scotie supérieure est sur la même ligne que celle de la ceinture, et celle inférieure a, de la perpendiculaire élevée de la plinthe, 1 M. P. de profondeur.

Du Piédestal.

Le dé du piédestal correspond pour sa largeur à celle de la plinthe de la base, qui est de 12 M. P.; la corniche du piédestal aura 2 M. P. de hauteur, dont le filet supérieur aura 1/6 et le talon au dessous 2/6, ¾ de M. P. pour la hauteur du larmier, et ⅜ pour la doucine au dessous qui prolonge sa courbe sous le larmier ⅛ de profondeur, et lui sert de mouchette pendante ; la baguette ensuite aura $1/4$, et le filet au dessous $1/8$; la frise aura 1 M. P. $1/4$ de hauteur, l'astragale ensuite $1/4$, et le filet au dessous $1/8$.

De la Saillie de la Corniche.

Du devant de la plinthe au devant du réglet ou filet, cette saillie aura 1 M. P. $7/8$, de sa verticale abaissée jusqu'au devant du larmier $3/8$ (la saillie du talon sur le larmier et sa retraite sous le réglet auront chacune $1/4$ de sa hauteur), le champ sous le larmier où s'arrête la doucine $1/4$, jusqu'au devant de la baguette sous la doucine 1 M. P. $1/2$, jusqu'au filet au dessous 1 M. P. $5/8$: la baguette et le filet de la frise seront dans les mêmes proportions de saillie, et le dé, comme la face de la frise, aboutira en congé sous chaque filet.

De la Base du Piédestal.

La hauteur de cette base sera de 3 M. P. $1/4$, dont le socle en aura 1 , le tondin au dessus $3/4$; et le filet ensuite $1/4$; la doucine renversée aura $7/8$ de hauteur, la baguette au dessus $1/4$, et le filet qui la termine $1/8$.

De la Saillie de sa Base.

Du devant du dé au devant du socle 1 M. P. $7/8$, de la parallèle prolongée au devant du socle jusqu'au filet au dessus du tondin $1/2$ M. P., jusqu'au devant de la baguette 1 M. P. $1/2$, et jusqu'au filet sur lequel le dé se termine en congé 1 M. P. $5/8$.

De l'Imposte et de l'Archivolte. (Voyez Pl. 8.)

Cette imposte aura 4 M. P. de hauteur, y compris sa frise ; le réglet qui la couronne aura $1/4$ de M. P., et le talon au dessous $1/2$; le larmier aura $3/4$ de M. P. de hauteur, le quart de rond au dessous $1/2$, la baguette ensuite $1/4$, et le filet qui la supporte $1/8$; il restera 1 M. P. $5/8$ pour la hauteur de la frise, qui sera ornée de canaux avec une feuille d'acanthe sur l'angle : la baguette et le filet au dessous font partie du pied-droit ; cette baguette aura $1/4$ de M. P., et son filet au dessous $1/8$, auquel le pied-droit aboutira en congé.

De la Saillie de l'Imposte.

La saillie prise au devant du pied-droit ou du bandeau aura 1 M. P. $1/2$, de la parallèle au pied-droit abaissée jusqu'au devant du larmier $5/8$; le talon sera en saillie $1/8$ au dessus du larmier, comme en retraite au dessous du réglet ; de la même parallèle verticale au devant du filet sous la baguette 1 M. P. $1/4$, sur lequel la baguette sera en saillie de la moitié de sa hauteur ; le quart de rond sera en retraite de $1/8$ sous le larmier ; la saillie de la baguette ou astragale au dessous de la frise, et faisant partie du pied-droit, sera la même que celle au dessus sous le quart de rond.

De l'Archivolte.

L'archivolte aura 4 M. P. $1/4$ de hauteur, dont le bandeau ou la petite face aura $3/4$ de M. P., la baguette ensuite $1/4$, la seconde face ou face du milieu $7/8$, la baguette au dessus ⅛ , et le quart de rond ½ M. P.; la grande face aura 1 M. P. de hauteur, le talon au dessus ½ M. P., et le réglet qui la couronne aura ¼ de M. P.

De la Saillie.

La saillie de l'archivolte, prise au devant du bandeau ou petite face, qui doit tomber à-plomb du pied-droit, aura 1 M. P.; du devant de cette saillie au devant de la grande face ⅜, jusqu'au devant de la face du milieu ⅞ ; la baguette au dessus sur le bandeau se profile à son aplomb; celle au dessus saille de ⅛ , et les saillies ou retraites du quart de rond et du talon sont dans les mêmes proportions.

Les feuilles d'ornement les plus usitées pour le chapiteau corinthien sont celles d'olivier, de même que pour les modillons. Chaque feuille est divisée en masses de refends, lesquelles sont refendues de cinq feuilles réunies à des tuyaux rangés l'un contre l'autre, et qui descendent jusqu'au bas des feuilles le long de la côte du milieu. Pour la corniche et l'architrave, les talons sont ornés de raies de cœur, plus ou moins riches de détails, ou de feuilles d'acanthe ou de persil, suivant la grandeur de leur forme, ou d'un ornement nommé *arquettes* ; les quarts de ronds, d'oves, et les baguettes, d'olives et d'amandes réunies et de perles ou patenôtres. (Voir le *Nouveau Parallèle* pour les Ordres antiques grecs et romains, et ceux des auteurs modernes.)

DE L'ORDRE COMPOSITE.

PLANCHE 11.

La hauteur de l'Ordre étant déterminée, il faudra, y compris le piédestal, la diviser en 46 grandes parties (1), dont on prendra 9 pour le piédestal, 30 pour la colonne, et 7 pour l'entablement ; les 7 grandes parties formant la hauteur de l'entablement seront divisées en 20 moyennes parties, qui serviront d'échelle ou de mesure pour la hauteur et la saillie des moulures ; de ces 20 M. P., 8 seront pour la hauteur de la corniche, 6 pour celle de la frise, et les 6 autres pour l'architrave (2).

De la Corniche (3).

A partir du sommet de la corniche, $1/3$ de M. P. pour le réglet, 1 M. P. $1/3$ pour la cymaise, $1/3$ ensuite qu'il faudra diviser en trois parties, dont deux de ces divisions pour le quart de rond et la troisième pour le listel au dessus ; 1 M. P. $1/3$ pour la hauteur du larmier, $1/3$ pour le quart de rond qui couronne les doubles modillons, et $1/6$ pour la baguette au dessous, 1 M. P. $1/6$ pour la hauteur de la première face des doubles modillons, $1/3$ pour le talon entre la première et la seconde face qui aura elle-même $2/3$ de M. P. de hauteur, et $1/6$ au dessous pour les séparer de la seconde face du fond des doubles modillons, qui aura par conséquent $5/6$ de hauteur pris sous le talon ; le quart de rond aura $5/6$, la baguette au dessous $2/9$, et le filet ensuite $1/9$, sous lequel la face de la frise se terminera en congé.

De la Saillie de la Corniche.

Du vif de la colonne sous l'astragale, correspondant perpendiculairement à la première face de l'architrave au devant de la frise, et prolongé jusqu'au dessus de la corniche, reporter en avant les 8 M. P. formant la hauteur de la corniche parallèlement à l'axe de la colonne pour en avoir la saillie ; de cette saillie jusqu'au devant du filet sous la cymaise 1 M. P. $1/2$, jusqu'au devant du larmier 2 M. P. (le quart de rond au dessus du larmier doit, par le haut, s'arrondir sur lui-même, à la manière des Grecs, ce qui forme sa retraite sous le filet), jusqu'à la première face des doubles modillons 4 M. P. $1/2$, et 4 $3/4$ jusqu'à la seconde face ; 6 M. P. $1/2$ donneront le fond de la première face des modillons, ainsi que son retour d'équerre, dont le front ou la face aura un M. P. $5/6$, et celui de la deuxième face au dessous 1 M. P. $1/3$; partant toujours de la verticale à l'axe de la colonne servant de saillie à la corniche, jusqu'au devant du filet entre la frise et la

---

(1) Voyez Planche 12.

(2) Quelques auteurs et notamment *Palladio*, n'ont donné que 9 diamètres 1/2 à la colonne Corinthienne, et 10 à celle de l'Ordre Composite ; nous avons suivi dans celui-ci le sentiment de *Vignole*, en rapport avec l'Ordre Corinthien, puisque d'ailleurs, par ses masses, il en a les mêmes proportions.

(3) Cette corniche, ainsi que son architrave, est imitée des fragments de celle du frontispice de Néron à Rome.

DE L'ORDRE COMPOSITE.

baguette, 7 M. P. $3/4$; la baguette saillira sur le filet de la moitié de sa hauteur, et le quart de rond sera en retraite sous la première face du fond des modillons de $1/8$; la mouchette pendante au plafond du larmier aura $1/4$ de profondeur, son champ depuis le devant du larmier jusqu'au bec de la mouchette $1/3$, et sa largeur jusqu'au devant du quart de rond des modillons aura 1 M. P. $2/3$; les caissons placés dans les intervalles des doubles modillons, sous le même larmier, auront 1 M. P. $1/2$ carrée, et seront renfoncés de $1/2$ M. P. ; la rosace aura 1 M. P. $1/4$ de diamètre, et sera à fleur du plafond du larmier.

De la Frise.

Cette frise a 6 M. P. de hauteur ; elle peut être ornée ou rester lisse, suivant l'importance de l'édifice auquel l'Ordre serait appliqué.

De l'Architrave.

L'architrave ayant de même 6 M. P. de hauteur, le réglet qui la couronne aura $1/3$ de M. P. ; le cavet ensuite $2/3$, le quart de rond au dessous $2/3$, et la baguette sur laquelle il pose $1/6$; la seconde face de l'architrave aura 2 M. P. $1/6$, et le talon au dessous $1/3$, et la première face 1 M. P. $2/3$.

De sa Saillie.

La saillie prise au devant de la frise aura une M. P. $1/3$, de sa verticale prolongée au devant du cavet $3/8$, jusqu'au quart de rond sous le cavet $7/16$ de M. P., et jusqu'au devant de la seconde face 1 M. P., au dessus de laquelle, et sous le quart de rond, la baguette saillira $1/6$; le talon entre les deux faces aura en saillie et en retraite $1/4$ de sa hauteur.

Du Fût de la Colonne.

Pour le fût de la colonne, sa proportion et ses détails sont les mêmes que pour l'Ordre Corinthien.

Du Chapiteau.

Le chapiteau pris au dessous de l'architrave, au dessus de l'astragale, aura 10 M. P. de hauteur ; l'épaisseur du tailloir sera de 1 M. P. $1/2$, le quart de rond qui en fait partie $3/8$, et le filet au dessous $1/4$ de M. P., l'espace ou le canal entre le tailloir et le quart de rond $1/4$ de M. P., le quart de rond ou ove $3/4$, la baguette au dessous $2/6$, et le filet ensuite $1/6$, du dessus de l'astragale au dessus du revers des premières feuilles 2 M. P. $7/8$, dont on portera au dessous $3/4$ de M. P. pour le revers ; du dessus des premières feuilles au dessus de celui des secondes ou grandes feuilles, 2 M. P. $7/8$, dont on portera au dessous $3/4$ pour leur revers. Le contour du bas des volutes est sur la même ligne que le dessus des grandes feuilles. Du dessus des grandes feuilles au filet sous la baguette formant le revers du vase sur lequel sont appuyées les feuilles, 1 M. P. $1/4$; entre les grandes feuilles sont des tigettes dont les extrémités recourbées se terminent par une rosace ; l'astragale aura $1/2$ M. P. de hauteur, et la ceinture au dessous $1/4$.

De la Saillie du chapiteau.

La grandeur et la forme du tailloir sont les mêmes que pour l'Ordre Corinthien, c'est-à-dire de 12 M. P. de face sur chaque côté, et dont l'échancrure prise à la diagonale a 1 M. P.; mais sa saillie jusqu'au bas du tailloir n'a que $5/8$; la face du filet la partage par la moitié. De la ligne du fût prolongée parallèlement à l'axe de la colonne au devant du fleuron du tailloir, 2 M. P. $1/2$, jusqu'au quart de rond 1 M. P. $1/2$, jusqu'à la baguette $7/8$, et jusqu'au devant du filet sous la baguette qui borde le vase $3/4$ de M. P.; du devant du filet, le vase doit rentrer sur la ligne prolongée du fût, au dessus des petites feuilles, de $1/4$ de M. P., en se contournant légèrement jusque sur l'astragale à $1/4$ de distance de la même ligne vers l'axe de la colonne. Les petites feuilles sailliront au devant de la ligne du fût de 1 M. P. $1/3$, et les grandes de 2 M. P. $1/3$, leur revers contourné en crochet sur eux-mêmes de $1/2$ M. P. Les volutes, prises diagonalement sur la même ligne du fût, auront 4 M. P. de saillie et 2 $7/8$ de la largeur perpendiculaire, de manière qu'elles effleurent dans leur contour la baguette au dessus du vase sous l'ove. Leur naissance prendra sur le quart de rond, comme sortant de chaque côté du fleuron, lequel doit avoir 2 M. P. de face par le haut, et se contourneront de sorte que la seconde révolution arrive au niveau du quart de rond, et que leur œil se rencontre au droit de la baguette ou à son axe, et que le centre en soit à 2 M. P. $1/4$ du devant de la perpendiculaire prolongée du fût. Leur face sous l'angle du tailloir aura 1 M. P., et leur extrémité perpendiculaire 1 M. P. $2/3$; le quart de rond du chapiteau sera taillé de trois oves apparentes, au droit du centre des cannelures, qui seront jointes par des gousses dont la forme naît du contour des volutes; la baguette sera taillée d'olives et d'amandes, et la face entre le listel qui borde les volutes sera remplie par des feuilles d'ornement, de culots, etc.; l'astragale saillira sur le fût de $5/8$ de M. P., et la ceinture de $3/8$.

PLANCHE 12.

De la Base de la Colonne.

La base de la colonne aura 4 M. P. $1/4$ de hauteur jusqu'au dessus du premier tore; la baguette et la ceinture qui la surmontent faisant partie du fût, la plinthe aura 1 M. P. $1/4$, le tore inférieur 1 M. P. $1/8$, la baguette au dessus $1/4$ et le filet ensuite $1/8$; la scotie aura de hauteur $1/2$ M. P., et le filet au dessus $1/4$; le tore supérieur aura $3/4$ de M. P., la baguette qui le surmonte $3/8$, et la ceinture ou l'orle $1/4$ de M. P.

De la Saillie de la Base.

La plinthe a, comme le tailloir, 12 M. P. sur chaque face, du devant de la plinthe au devant de l'orle 1 M. P. $1/4$, et jusqu'à la saillie de la baguette 1 M. P.; pour celle du tore supérieur $3/4$, et du filet au dessous 1 M. P. $7/8$, jusqu'au fond de la scotie 1 M. P. $1/4$, pour le filet au dessous $3/4$, et jusqu'à la baguette qui est au dessus du gros tore, ou tore inférieur, $1/2$ M. P.

De la Corniche du Piédestal.

Le dé du piédestal a la même largeur que la plinthe de la base. La corniche du piédesal aura 2 M. P. de hauteur; le listel et le talon auront $\frac{1}{2}$ M. P., laquelle sera divisée en trois, dont la première pour la hauteur du réglet et les deux autres pour celle du talon ; le larmier $\frac{3}{4}$ de M. P. ; la mouchette pendante au dessous sera renfoncée de $\frac{1}{8}$, le quart de rond ensuite $\frac{3}{8}$, pour le filet au dessous $\frac{1}{8}$, et pour le cavet qui la termine $\frac{1}{4}$; la frise aura de hauteur 1 M. P. $\frac{1}{4}$, l'astragale ou baguette au dessous $\frac{1}{4}$, et le filet ensuite $\frac{1}{8}$: ces deux dernières moulures font partie du dé du piédestal.

De sa Saillie.

La saillie prise au devant de la plinthe, perpendiculairement au dé, sera de 2 M. P., du devant de cette saillie au devant du larmier $\frac{3}{8}$; la saillie et la retraite du talon seront, comme il a déjà été dit, chacune d'un quart de sa hauteur; de la perpendiculaire jusqu'au devant du quart de rond 1 M. P. $\frac{1}{4}$; le champ de la mouchette pendante, pris au devant du larmier, aura $\frac{1}{6}$, et sa profondeur formera listel sur le quart de rond $\frac{1}{3}$ au devant; jusqu'au devant du filet au dessous 1 M. P. $\frac{5}{8}$, et le cavet saillira $\frac{1}{8}$ sur la frise ; la baguette au dessous de la frise sera en saillie sur elle et sur le dé de $\frac{3}{8}$, et le filet de $\frac{2}{8}$; le dé y aboutira en congé.

De la Base du Piédestal.

La base du piédestal aura 3 M. P. de hauteur, dont le socle aura $\frac{7}{8}$ de M. P., le tore au dessus $\frac{3}{4}$, et le filet ensuite $\frac{1}{4}$; le talon renversé au dessus aura de hauteur $\frac{3}{4}$ de M. P., la baguette qui suit $\frac{1}{4}$, et le filet qui la couronne $\frac{1}{8}$, sur lequel le dé se terminera en congé

De sa Saillie.

Pour la saillie, du devant du dé au devant du socle, 2 M. P., du devant du socle au devant du filet au dessus du tore $\frac{1}{2}$ M. P. : la saillie du tore est la même que celle du socle ; jusqu'au talon au dessus du filet $\frac{5}{3}$, jusqu'à la baguette 1 M. P. $\frac{1}{2}$, et jusqu'au filet au dessus 1 M. P. $\frac{5}{8}$.

De l'Imposte et de l'Archivolte. (Voyez Pl. 8.)

L'imposte aura de hauteur 4 M. P., en y comprenant la frise ; le réglet qui la couronne aura $\frac{1}{4}$ de M. P., et le cavet au dessus $\frac{1}{2}$ M. P.; le larmier aura $\frac{5}{8}$ de hauteur, et le listel au dessous $\frac{1}{8}$, la cymaise ensuite $\frac{5}{8}$, la baguette au dessous $\frac{1}{4}$, et le filet qui l'accompagne $\frac{1}{8}$; il restera pour la frise 1 M. P. $\frac{1}{2}$; la baguette ou astragale au dessous, faisant partie du pied-droit, aura $\frac{1}{4}$, et le filet qui suit $\frac{1}{8}$ de M. P.

De sa Saillie.

La saillie, prise au devant du bandeau de l'arc perpendiculairement au pied-droit, sera de 1 M. P. $\frac{1}{2}$; de là jusqu'au devant du larmier, $\frac{1}{2}$ M. P., sur lequel le cavet saillira $\frac{1}{8}$, de la perpendiculaire au devant du filet qui couronne la cymaise $\frac{5}{8}$, jusqu'au devant de la baguette 1 M. P. $\frac{1}{8}$, et jusqu'au filet au dessous 1 M. P. $\frac{1}{4}$. La saillie de l'astragale sous la frise sera dans les mêmes rapports; le pied-droit et la frise se termineront en congé sous les filets.

DE L'ORDRE COMPOSITE.

De l'Archivolte.

L'archivolte aura de hauteur 4 M. P. $^1/_4$: la première face ou bandeau en aura 1, la baguette au dessus $^1/_4$, et la seconde face 1 M. P. $^1/_2$, la baguette ensuite $^1/_4$, le quart de rond au dessus $^1/_2$, le cavet $^1/_2$, et le filet qui la termine $^1/_4$ de M. P.

De sa Saillie.

La saillie de l'archivolte, prise au devant du bandeau, aura 1 M. P. $^1/_4$; la seconde face saillira sur le bandeau de $^1/_4$, la baguette au dessus de $^1/_8$, du devant du filet qui couronne l'archivolte au devant du cavet $^3/_8$, et jusqu'au quart de rond $^1/_2$ M. P.

Les feuilles du chapiteau Composite sont en même nombre et dans les mêmes formes que celles du chapiteau Corinthien ; mais au lieu que leurs refends soient taillés en feuilles d'olivier, ils sont le plus ordinairement découpés en feuilles de persil. Cependant on pourrait y adapter avec succès la feuille de laurier dans les mêmes dispositions que celles d'olivier dans le chapiteau Corinthien, si l'Ordre était un peu colossal. De l'une et l'autre manière, chaque bouquet de feuilles se rattache à des tuyaux, et se termine de la même façon qu'aux chapiteaux Corinthiens, et les moulures de l'entablement sont ornées du même genre que ceux des autres Ordres.

Note sur les Entablemens.

On ne voit pas dans l'Architecture des Grecs des rapports bien déterminés entre les colonnes, les entablemens et les piédestaux, lorsqu'ils en ont employé. Les Romains même ont beaucoup varié dans l'ensemble de leurs Ordres ; ils paraissent ne s'être attaché, pour leurs proportions, soit en hauteur, soit en saillie, que sur la distance, ou le point de vue duquel on pouvait juger de l'effet qu'ils voulaient qu'ils produisissent. De là viennent sans doute ces détails que nous avons remarqué (1) dans diverses corniches et leurs architraves, où les faces des larmiers et celles de ces mêmes architraves sont tantôt rentrantes par le haut et saillantes par le bas, ou de l'effet tout opposé et par conséquent toujours hors de l'aplomb qui caractérise la solidité dans l'Architecture. Il faut donc supposer qu'ils ne les ont fait ainsi que pour gagner en saillie d'une part, et de l'autre pour la reproduire au défaut d'épaisseur ou de hauteur. Cet exemple alors pourrait être suivi dans les mêmes cas, mais d'une manière bien modérée pour cacher adroitement ce qui sera toujours un défaut. Les Grecs ont mieux fait, ils ont souvent pris sous leur larmier et aux dépens de son épaisseur, la hauteur de plusieurs moulures (2), les Romains les ont imités ainsi que les modernes, notamment dans les Ordres Doriques.

---

(1) Voyez notre *Parallèle des Ordres d'Architecture*, Planches 57 et 58, et pages 53 et 54. Planche 25, Ionique romain.

(2) Voyez, dans le même ouvrage, Planches 18 et 20 pour l'Ionique, et Planches 5, 6 et suivantes pour le Dorique.

DES PLAFONDS.

PLANCHE 13.

La saillie des moulures des corniches dont nous donnons ici les plafonds, les indique suffisamment pour n'avoir besoin que de leur forme et de leur retour d'équerre, avec les ornemens qui en font partie, tels que les gouttes et les panneaux renfoncés aux plafonds des Ordres Doriques, les modillons, caissons et rosaces au plafond ou soffite du larmier de la corniche Corinthienne, et pour l'Ordre Composite les doubles modillons et les petits caissons qui sont placés entre leur espacement.

Les plafonds étant les parties les plus apparentes des corniches, et celles qui sont le plus à couvert, on a dû naturellement imaginer de les enrichir de tous les ornemens dont ils pouvaient être susceptibles, en les tenant en rapport avec l'Ordre même. Le Toscan, le plus simple de tous, n'a sous le soffite de son larmier qu'une moulure qu'on nomme mouchette pendante. Le Dorique a sous ses mutules des gouttes, aussi pendantes, espèces de petits cônes dont le compartiment fait un fort bon effet. Le plafond du larmier de l'Ordre Ionique n'a qu'un simple renfoncement continu, qui pourrait cependant être orné de canaux et de feuilles d'acanthe alternativement, correspondans, par leurs divisions, à quatre ou cinq denticules d'espacement. Le Corinthien, où le plafond du larmier est plus saillant à cause de ses modillons, est le plus susceptible d'être enrichi; et sa disposition est telle, qu'il a pu l'être sans confusion, et avec une justesse digne de la beauté de son ensemble. Nous avons combiné la proportion de sa corniche dans les rapports de la hauteur avec la saillie, de manière à ce que la forme des caissons qui sont entre les modillons fût toujours carrée, ce que *Vignole* avait lui-même négligé. Quant à la corniche de l'Ordre Composite, qui n'est pas ici la même que celle de *Vignole*, parce qu'elle nous a paru trop se rapprocher de celle de l'Ordre Ionique, nous lui avons appliqué, en la modifiant, la corniche connue sous la dénomination *du frontispice de Néron à Rome*. Elle est à doubles modillons, et ornée de caissons dans leur espacement. En effet, le chapiteau de cet ordre, qui n'est point aussi délicat que celui de l'Ordre Corinthien, et qui n'est lui-même qu'un composé de ce dernier et de l'Ordre Ionique, pouvait supporter une corniche plus mâle, et suffisamment riche pour être en harmonie avec le chapiteau. Le plafond de son larmier pourrait être orné de la même manière que nous venons de l'indiquer pour l'Ionique, mais toujours sur une surface plate, et non pas sur le contour d'une doucine, comme l'a pratiqué *Vignole* dans son Composite.

DE L'ORDRE DORIQUE GREC,

IMITÉ DU PARTHÉNON ET DU TEMPLE DE THÉSÉE A ATHÈNES.

PLANCHE 14.

La hauteur de cet Ordre étant déterminée, il faudra la diviser en 28 grandes parties $1/2$ (1), dont on en prendra 6 $1/2$ pour l'entablement, 16 $1/2$ pour la colonne, et 5 $1/2$ pour le piédestal ou stylobate (2), en y comprenant la plinthe ou la marche continue au dessus de sa corniche sur laquelle le fût de la colonne est posé. On divisera, comme pour tous les autres Ordres, les 6 G. P. $1/2$ formant la hauteur de l'entablement en 20 M. P., dont on prendra 5 pour la corniche, 7 $1/2$ pour la frise, y compris la bandelette qui couronne les triglyphes et la baguette au dessus, et 7 $1/2$ pour l'architrave.

De la Corniche.

Le réglet qui couronne la corniche aura $1/2$ M. P. de hauteur, le quart de rond 1 M. P., le listel ensuite $1/4$, le petit quart de rond $1/4$, et le filet au dessous $1/8$ de M. P.; le larmier aura de hauteur 1 M. P. $7/8$, le listel qui couronne les mutules $1/4$ apparent sous la face du larmier, et $1/4$ pris dans son épaisseur, formant mouchette pendante; la face du fond des mutules aura $3/4$ de M. P., dont les mutules saillans dessus n'auront que $1/2$ M. P. de hauteur; le troisième quart sera pour la hauteur des gouttes. Les mutules auront la largeur des triglyphes; il doit y en avoir un de la même largeur au dessus des métopes, entre ceux qui couronnent les triglyphes.

De la Saillie de la Corniche.

Du devant de la frise qui doit tomber d'aplomb sur le vif du fût de la colonne sous le chapiteau, et de cette ligne parallèle à l'axe de la colonne, prolongé jusqu'au dessus de la corniche, au devant du réglet, 5 M. P. $1/2$; de cette saillie au devant du listel sous le quart de rond $7/8$, jusqu'au devant du larmier 1 M. P. $1/4$; le filet au dessus saillira $1/8$, et le petit quart de rond sera $1/8$ en retraite sous le listel pour l'en dégager, le haut de

---

(1) Voyez Planche 15.

(2) Un piédestal ou stylobate sous les colonnes de cet Ordre, que les Grecs n'ont élevé que sur des marches, pourra paraître hasardé; cependant nous ne l'avons pas fait sans autorité. Un temple de cet Ordre, élevé à la charité romaine, et dont on voit encore quelques vestiges à Rome, à *San-Nicolo in carcere*, était ainsi porté par un stylobate continu sur les côtés et par derrière ce temple; l'on y montait en face, où ce stylobate se profilait en avant et au droit des colonnes d'angle; des marches occupaient tout le reste de la façade. La plinthe au dessus n'était autre chose qu'une marche continue de même et servant de sol, sur lequel les colonnes du temple étaient posées. La manière des Grecs est sans doute préférable pour cet Ordre, et nous pensons qu'elle est la seule qui lui convienne; mais nous avons cru devoir ajouter un exemple à ceux déjà connus, dont l'usage, pour n'être pas consacré, pouvait cependant être rapporté.

son contour devant être à-plomb du filet ; jusqu'au devant des mutules 2 M. P., dont le listel qui les couronne saillira de $\frac{1}{8}$ au dessus ; et partant toujours de la même ligne jusqu'à la face du fond des mutules 5 M. P. (Pour le plafond, voyez Planche 13.)

De la Frise.

Le triglyphe aura de hauteur 6 M. P. $\frac{1}{2}$, la bandelette au dessous $\frac{7}{8}$, et la petite baguette ensuite $\frac{1}{8}$; le métope, ou espace d'un triglyphe à l'autre, aura de hauteur 6 M. P. $\frac{3}{4}$ et son bandeau $\frac{5}{8}$; les triglyphes auront un demi-diamètre de largeur, pris à la base du fût de la colonne, laquelle largeur sera divisée en trois parties, puis subdivisée chacune en quatre, dont une de ces subdivisions, portée de chaque côté des premières, en formera les canaux et les demi-canaux. Les triglyphes seront séparés entre eux de 6 M. P. $\frac{3}{4}$; ils sailliront $\frac{1}{3}$ sur la frise, et leur bandelette, ainsi que le bandeau au dessus des métopes, saillira $\frac{1}{8}$. Le profil des triglyphes indique la profondeur des canaux, qui doit être de $\frac{1}{4}$ de M. P.

L'entre-colonnement de cet Ordre doit être au moins de quatre triglyphes d'un axe à l'autre, dont un sur chaque colonne et les deux autres entre.

De l'Architrave.

La bandelette ou cymaise de l'architrave aura $\frac{1}{2}$ M. P. de hauteur, la bande au dessous qui couronne les gouttes $\frac{1}{2}$ M. P., et les gouttes pendantes $\frac{1}{4}$: ces gouttes, ainsi que celles sous les mutules, seront au nombre de six, vues de face, et leur axe correspondra à l'aplomb de la ligne extérieure des canaux et demi-canaux des triglyphes.

De sa Saillie.

La cymaise de l'architrave sera en saillie sur la frise, comme sur la face de l'architrave, de $\frac{1}{2}$ M. P. ; la bande des gouttes sera à-plomb de la face des triglyphes, ainsi que les gouttes, dont le haut sera diminué en forme de cône, suffisamment pour faire un bon effet ; ou, pour plus d'exactitude, elles auront $\frac{1}{2}$ M. P. par le bas, et seront diminuées par le haut de $\frac{1}{8}$ de leur base.

De la Colonne.

Des seize grandes parties qui forment sa hauteur, on en prendra 3 pour son diamètre à sa base, et 7 des M. P. pour la diminution de son fût sous les annelets, ornemens de son chapiteau. Le fût en sera taillé de vingt cannelures à angles aigus, ayant pour axe de leur profondeur l'angle équilatéral de leur largeur.

Du Chapiteau. (Voyez Pl. 15.)

Le chapiteau, y compris ses annelets, aura 3 M. P. $\frac{5}{8}$, dont le tailloir en aura 1 $\frac{3}{4}$ de hauteur, le quart de rond 1 M. P. $\frac{1}{2}$, et les annelets $\frac{3}{8}$; 1 M. P. au dessous des annelets est une rainure de $\frac{1}{8}$ de hauteur, coupée à angle rentrant dans la même proportion de $\frac{1}{8}$ de profondeur qui tient lieu d'astragale. Cette rainure coupe les cannelures qui, reprenant au dessus, vont aboutir à cru sous les annelets, et le filet ou l'angle qui en marque la séparation s'y termine en congé.

De la Saillie du Chapiteau. (Voyez Pl. 15.)

La face ou le carré du tailloir sera de 10 M. P. 1/2 sur chacun de ses côtés, et le quart de rond aura le même diamètre par le haut, et rentrera sur lui-même à 1/4 de M. P. au dessous du tailloir sur autant de profondeur ; sa courbure jusque sur les annelets sera très-douce. Le premier annelet (ils sont au nombre de quatre) sous le quart de rond aura 8 M. P. de diamètre, ou 1 M. P. 1/4 prise au devant du tailloir, et le dernier saillira sur le fût de 1/8 de M. P. Ces annelets formeront autant de filets, dont la moitié du bord du dessus de l'un à l'autre sera creusée en forme de cavet, et suffisamment renfoncée à sa base au dessus du filet pour en faire valoir la saillie. Le dessus du premier annelet, comme celui du dernier près le fût, par une ligne prolongée de l'un à l'autre, donnera la saillie des deux autres.

PLANCHE 15.

Du second profil de Chapiteau.

CE second profil de chapiteau est celui du temple de Corinthe : le chapiteau a 1 M. P. 3/4 de hauteur, le quart de rond au dessous 1 M. P. 7/8, et les annelets ensuite, au nombre de quatre, 1/4 de hauteur pris ensemble ; le gorgerin 3/4 de M. P., et les filets, en place d'astragale, entaillés dans le fût même, tant pleins que vides, 1/4 de M. P.

De sa Saillie.

Le tailloir aura 13 M. P. 1/2 de face sur chacun de ses côtés, le quart de rond au dessous le même diamètre par le haut, et rentrera sur lui-même 1/4 de M. P. au dessous du tailloir. Sa courbure jusque sur les annelets sera plus arrondie que celle du précédent. Le quatrième annelet sous le quart de rond saillira sur le fût de la colonne 1/2 M. P., et le premier au dessus du gorgerin 1/8 ; le fût y aboutira en congé, et les deux annelets intermédiaires seront sur l'alignement pris du premier au quatrième. La face des trois premiers annelets aura de hauteur renfoncée, et un peu inclinée vers le fût, l'un sous l'autre, en forme de mouchette pendante, 1/8 de M. P., et terminée en quart de cercle au devant de chaque filet, auquel on laissera suffisamment d'épaisseur pour la solidité. Cette épaisseur sera pendante vers le fût, au lieu d'être en plafond droit parallèle à l'horizon. Le quart de hauteur au dessous du gorgerin, tenant lieu d'astragale, sera divisé en cinq parties ; les première, seconde, troisième et quatrième, formeront le devant des deux filets sur l'alignement du fût, dont la distance de l'un à l'autre sera taillée en biseau à 1/8 de profondeur au dessous de chaque filet, le dessus étant d'équerre à leur face. Le fût de la colonne sera cannelé comme celui du précédent.

Du Piédestal.

Le piédestal ou stylobate a 5 grandes parties de hauteur, et le dé 10 M. P. de face, la corniche 2 M. P. de hauteur, le réglet qui la couronne 1/3 de M. P., le larmier 1 M. P., et le talon au dessous 2/3.

De sa Saillie.

La saillie, prise du devant du dé au devant du réglet, aura 1 M. P. 1/6, du même point jusqu'au devant du larmier 1/6, et jusqu'au devant du talon 3/4, dont la mouchette pendante, prise dans l'épaisseur du larmier, formera filet au dessus, et aura 1/4 de hauteur terminé en quart de cercle à 1/6 de M. P. au devant du larmier ; le bas du talon saillira 1/6 sur le dé.

De la Base du Piédestal.

Cette base sera formée de deux socles, dont le premier aura 1 M. P. 1/2 de hauteur, et le second 3/4 de M. P.

De sa Saillie.

La saillie du premier socle sur le dé sera de 5/6, et celle du second de 2/3 de M. P., sur lequel le dé aboutira en congé.

Cet Ordre peut être employé avec succès pour les habitations rurales, les halles, les greniers d'abondance, les magasins, et pour tous les bâtimens ou établissemens qui commandent la solidité, et dont l'aspect doit inspirer la confiance. Comme décoration il peut s'appliquer aux tombeaux, aux bains, aux fontaines, aux orangeries, aux portiques de cloître et de prison, et en général pour toutes les parties basses ou de rez-de-chaussée, et rarement aux étages supérieurs.

DES ENTRE-COLONNEMENS
ET DES PORTIQUES DES CINQ ORDRES.

PLANCHE 16.

De l'Ordre Toscan.

L'ENTRE-COLONNEMENT Toscan a d'axe en axe 10 grandes parties.

Le portique simple A, qui peut être élevé sur des marches, a d'axe en axe 14 G. P. 1/4, et l'ouverture de l'arcade est de 9 G. P. 3/4, du dessous du soffite de l'architrave au dessous de la clef de l'arcade 1 G. P. 1/2; la moitié de la largeur de l'arcade portée au dessous de la clef, sur la ligne de son milieu, donnera le centre du cintre, sur lequel point sera placée la ligne parallèle à l'horizon, qui est celle de la hauteur ou du dessus de l'imposte; cet arc sera sans archivolte (1).

Pour le portique Toscan, avec piédestal B, d'axe en axe, 19 G. P., et pour la largeur de l'arcade 12 G. P. 2/3, du dessous du soffite de l'architrave au dessous de la clef de l'arc 1 G. P. 1/2; la hauteur de l'archivolte sera reportée au dessus et suivra le cintre.

De l'Ordre Dorique.

L'entre-colonnement Dorique a d'axe en axe 11 G. P. 1/4.

Du portique simple C, qui peut être aussi élevé sur une ou trois marches, les colonnes auront d'axe en axe 15 G. P., et l'arcade d'ouverture 10 G. P. 1/2, du dessous du soffite de l'architrave au dessous de la clef du cintre de l'arcade 3 G. P.; l'astragale règne au dessus d'une colonne à l'autre, et l'archivolte passe au dessous; il faut en supprimer la première face.

Le portique avec piédestal D, a d'axe en axe 22 G. P. 1/2, et l'ouverture de l'arcade 14 G. P. 1/2; la distance du soffite au dessous de la clef est de 2 G. P.

De l'Ordre Ionique.

L'entre-colonnement Ionique doit avoir d'axe en axe 10 G. P. 3/4.

Le portique E, élevé sur des marches, aura de l'axe d'une colonne à l'autre 17 G. P. 1/4, et la largeur de l'arcade sera de 12 G. P. 3/4, du dessous du soffite de l'architrave au dessous du cintre sous la clef 1 G. P. 1/2; il faudra supprimer la première face de l'archivolte, la distance du pied-droit jusqu'au nu de la colonne n'étant pas assez grande pour que l'archivolte reste dans sa juste mesure; se trouvant coupée par la colonne, elle ferait un mauvais effet.

(1) Pour ne point faire de répétitions inutiles, on remarquera que les axes ou centres des arcades des entre-colonnemens des portiques qui vont suivre, se prennent de la même manière, c'est-à-dire de la moitié de leur ouverture portée au dessous de la clef.

DES ENTRE-COLONNEMENS ET DES PORTIQUES DES CINQ ORDRES.

Le portique avec piédestal F doit avoir d'axe en axe 22 G. P. ½ ; et l'ouverture de l'arcade sera de 16 G. P., du soffite de l'architrave au dessous de la clef du cintre de l'arc 3 G. P. Cette clef peut être sculptée en forme de console.

De l'Ordre Corinthien et du Composite.

(Les proportions en sont les mêmes.)

L'entre-colonnement Corinthien aura de l'axe d'une colonne à l'autre 10 G. P., et depuis cette mesure il peut varier jusqu'à celle de 7 G. P. ½.

Du portique simple G, élevé sur des marches, les colonnes auront d'axe en axe 18 G. P., et l'arcade aura d'ouverture 13 G. P. ½, du dessous de l'architrave au dessous de la clef du cintre, 3 G. P.

Le portique avec piédestal H aura d'axe en axe 24 G. P.; l'ouverture de l'arcade d'un pied-droit à l'autre sera de 18 G. P., et du dessous du soffite de l'architrave au dessous de la clef 3 G. P. Cette dernière, ainsi que celle du portique simple, pourra avoir la forme de console.

Nota. Les colonnes des portiques doivent être engagées sur les pieds-droits du ¼ de leur diamètre, ou en saillir des ¾.

D'après ces données, il est très-facile, se reportant à chaque Ordre, de l'établir suivant l'emplacement, le terrain ou la hauteur qu'on pourrait lui donner.

DE LA DIMINUTION DES COLONNES.

PLANCHE 4.

Le fût de la colonne avec son orle ou ceinture, pris au dessus de la base jusqu'au dessus de l'astragale qui en fait aussi toujours partie, sera divisé en trois. Le diamètre de la colonne sera droit, c'est-à-dire que les deux lignes du profil seront parallèles à son axe, jusqu'à la hauteur du premier tiers, au dessus duquel on décrira un demi-cercle du même diamètre, et sur lequel on abaissera verticalement le diamètre supérieur de la colonne pris à sa diminution sur l'astragale. Cette diminution peut s'obtenir ainsi : il faut diviser le bas du diamètre du fût en huit parties égales, et reporter sur l'astragale sept de ces mêmes parties, qui formeront le diamètre du haut. Cette diminution, disons-nous, étant abaissée verticalement sur le premier tiers, à la rencontre du demi-cercle tracé au dessus, l'arc restant, depuis la base du même demi-cercle jusqu'au point donné par la jonction de la ligne de diminution abaissée, sera divisé en six parties égales. Il faudra diviser en autant d'autres parties la hauteur des deux tiers supérieurs du fût, et la rencontre de chaque point de la division de la portion du demi-cercle étant élevée verticalement depuis un jusqu'à six, donnera le galbe du fût.

Cette façon de galber les colonnes est propre à tous les Ordres, quelle que soit leur diminution sous l'astragale.

Nous avons donné deux méthodes de diminution pour les trois Ordres précédens : l'une par notre échelle des moyennes parties, et l'autre par la soustraction d'une des divisions de la base du fût reportée sur l'astragale, ainsi qu'on a dû le remarquer. Au reste, on peut prendre pour règle générale de diminuer le fût de la colonne Toscane d'un cinquième de sa base, celui de la colonne Dorique d'un sixième, et celui de la colonne Ionique d'un septième, en observant l'accord de la frise et de l'architrave, en ce qu'ils doivent toujours tomber à l'aplomb du fût ou du vif de la colonne.

DES CROISÉES ET DES PORTES.

MÊME PLANCHE.

La première croisée est en demi-cintre. On emploie souvent cette forme pour des magasins, des écuries, ou toutes autres pièces dans lesquelles les jours du bas sont inutiles. La seconde est en cercle parfait, et se nomme *œil de bœuf*; elle est propre aux entresols, ainsi que la troisième qui est de forme carrée, et qui se nomme mezzanine. Et celle qui suit, la quatrième, plus large que haute, est propre au jour que l'on tire par les soubassemens; elle a un tiers de moins que sa largeur en hauteur. La cinquième a une fois et demie sa largeur en hauteur, et la sixième a de hauteur deux fois sa largeur. Les chambranles de toutes ces croisées ont un sixième de la largeur de leurs baies. Les deux portes suivantes ont aussi de hauteur deux fois leur largeur; les chambranles, comme ci-dessus, ont un sixième de la largeur de leur ouverture. La frise et la corniche ont chacune de hauteur un sixième comme le chambranle. Leur frise s'aligne en face avec le dehors du chambranle, mais sur le profil elle doit être à-plomb de la face formant cadre ou tableau. L'une des deux, la dernière, est ornée de consoles (1); il faut pour en avoir les proportions, diviser le chambranle en deux parties, et porter l'une d'elles de chaque côté au dehors du chambranle pour sa largeur; et la largeur même du chambranle, portée au delà, indique la saillie de la corniche qui doit être le carré de sa hauteur, comme pour celle de l'autre porte. La longueur des consoles doit tomber au niveau du dessous du linteau de la porte; et sa largeur, prise sous la corniche, et prolongée parallèlement au chambranle, forme le contre-chambranle sur lequel elle est appuyée.

SUITE DE PORTES, D'ARCADES ET DE MOULURES.

PLANCHE 18.

La porte ajustée avec des colonnes (fig. 1re), un entablement, et couronnée par un fronton, est soumise à des règles qu'il faut observer pour sa proportion exacte et relative. L'ouverture de la baie aura en hauteur deux fois sa largeur. Il faudra diviser cette largeur en six parties égales, et porter au dehors de chaque côté une de ces parties qui doivent marquer la distance du fût des colonnes jusqu'au tableau, reporter ensuite une de ces mêmes parties au dessus du linteau, et de ce point jusqu'au sol de la porte, diviser cette hauteur en diamètres proportionnés à l'Ordre dont on voudra la décorer. Il faut

---

(1) Voyez la Planche suivante.

diviser ensuite cette même hauteur, d'abord en quatre parties, et en porter une au dessus; rediviser la même hauteur en cinq nouvelles parties, et en porter de même une au dessus; et la différence qu'il y aura entre la cinquième et la sixième partie, partagée en deux, donnera la hauteur de l'entablement au dessus des colonnes; c'est ce que l'on nomme la proportion entre le quart et le cinquième (1). Cette hauteur, pour l'entablement, sera divisée en cinq parties, dont deux seront pour la corniche, et les trois autres, partagées en deux, donneront, l'une la hauteur de la frise, et l'autre celle de l'architrave (2). Du devant de la frise tombant à-plomb du fût, la corniche aura de saillie le carré de la hauteur. Pour obtenir la hauteur du fronton, du milieu de la porte pris sur le filet supérieur, ou sur toute autre moulure, formant la première ou le dessus de la corniche A, jusqu'à la saillie B, il faut décrire un quart de cercle reporté en en-bas sur la perpendiculaire du milieu de la porte C, et de ce point ouvrir le compas jusqu'à la même saillie du profil de la corniche B; on reportera cette ouverture sans bouger la pointe fixe du compas C, au dessus jusqu'à la rencontre du milieu de la porte D, pour avoir la pointe du rampant, qu'on abaissera de chaque côté jusqu'à la saillie de la corniche B. Si l'on voulait ajouter un chambranle à la porte, il faudrait, au lieu du sixième de sa largeur, qui est la mesure donnée pour la distance du fût des colonnes au tableau de la porte ci-dessus, il faudrait, disons-nous, prendre le quart de sa largeur, et le porter également de chaque côté et au dessus du tableau, et le sixième alors pour la proportion du chambranle, comme on pourrait de même, en observant la proportion donnée de ces deux portes, au lieu du fronton qui couronne la corniche, y élever immédiatement au dessus de la corniche un appui ou balustrade pour servir de balcon. Voir l'emploi de cette porte, pour le plan, planche 29, et la planche 30 pour l'élévation.

Des Arcades.

Toutes les arcades ont de hauteur deux fois leur largeur; et par conséquent l'axe du cintre est à une fois et demie. Leur ajustement est idéal ou en rapport avec la localité. On peut les ajuster sur des colonnes ou des pilastres isolés, le cintre posant à cru sur le chapiteau (fig. 2), sur des colonnes accouplées (fig. 3), dont on diviserait la hauteur jusqu'à l'axe du cintre en huit parties deux tiers, et même en neuf parties, dont la hauteur de la huitième à la neuvième serait celle d'une espèce d'architrave sur laquelle poserait le cintre; et le reste pour la hauteur des colonnes, dont on proportionnerait le diamètre suivant l'ordre que l'on adopterait; la largeur de l'archivolte autour de l'arc tomberait à l'aplomb de la diminution du fût sous le chapiteau. Des autres arcades sur pieds-droits, les unes seraient séparées de la moitié de leur largeur formant le pied-droit (fig. 4), les autres de toute la largeur de leur vide, plus ou moins (fig. 5), et quelquefois dans une largeur suffisante de plus grands pieds-droits (fig. 6), on pourrait faire des ouvertures de portes, ou de croisées et de mezzanines, ou œils de bœuf y correspondant, dans l'espace

---

(1) Cette proportion peut convenir pour ces sortes d'ajustemens, comme on peut aussi suivre celle de l'un des Ordres qu'on aurait adopté, qui est toujours, un peu plus ou un peu moins, au dessus ou au dessous de cette demi-division.

(2) Pour les profils et les détails, voir l'un des Ordres pour lequel on se serait déterminé.

au dessus de l'imposte, à la hauteur et au niveau de l'arc, pour des jours d'entresols. Les arcs peuvent tomber à-plomb des pieds-droits (fig. 7), comme être appuyés sur des plinthes, ou impostes unies, dont la hauteur peut être de la douzième partie de la division prise du bas des arcades, à la hauteur de l'axe du cintre (fig. 8).

Des Corniches.

Des deux entablemens propres à l'ornement des portes et des croisées, touchant au cadre, l'un simple (fig. 9), est divisé en trois parties égales, dont une pour la corniche, l'autre pour la frise, et la troisième pour l'architrave, ou le chambranle. L'autre dans les mêmes principes (fig. 10), a sa corniche soutenue par une console, vue de profil, et dont la face est tracée auprès, ainsi que sa diminution par le bas. Ces corniches et architraves sont divisées en cinq parties chacune dans leur hauteur, et d'un même nombre pour la saillie des corniches, dont les subdivisions par quart donnent les grandeurs et les saillies des membres qui les composent. Les autres corniches sont sans frises, ni architraves; ce sont des corniches de couronnement; et la dernière (fig. 11), est de celles qu'on nomme corniche architravée, parce que dans la hauteur que l'on donne à la frise, les membres de l'architrave, tels que faces, talons et baguettes, sont ajustés comme faisant partie de la corniche. Les autres figures sont des plinthes ou bandeaux propres à recevoir des arcs, ou à couronner des soubassemens sans interruption. Ils peuvent être simples ou ornés.

DES MAISONS A LOCATION.

PLANCHE 19.

OBSERVATION.

Si vous avez dans un terrain donné, soit régulier ou irrégulier, un plan à distribuer, il faut d'abord en tracer exactement la mesure, ensuite disposer toutes les parties de la distribution de manière à ce que tous les accès et les communications en soient faciles et commodes, que l'escalier se présente au premier abord, soit dans un vestibule ou une allée, et qu'aux étages supérieurs il arrive de façon que son palier ou le vestibule auquel il communiquerait, puisse dégager sans obstacle à toutes les pièces, ou principales ou particulières qui les composent.

PREMIÈRE MAISON.

Les petites habitations, pour être du ressort des simples maçons par leur peu d'importance, n'en sont pas moins susceptibles de quelques études, tant pour la disposition de leur localité que pour l'ajustement régulier de leurs façades.

La première a 15 pieds de largeur dans œuvre, sur 24 pieds de profondeur de même dans œuvre : elle est composée de deux pièces au rez-de-chaussée, d'une allée de trois pieds de largeur qui conduit à l'escalier et à une cour qui a 10 pieds sur 8, dans laquelle on descend trois marches pour donner plus de hauteur aux privés placés sous l'escalier. Cet escalier a 3 pieds d'emmarchement; il revient sur lui-même au moyen d'un limon de six pouces, placé au milieu, et conduit au premier étage dans un corridor qui communique à deux pièces, dont celle sur le devant est à alcove. Les pièces du bas et du haut sont à cheminées. Les tuyaux de celles du bas se dévoyent, l'un à droite et l'autre à gauche, pour que les cheminées du haut puissent, comme en bas, être placées dans le milieu des pièces, et non pas les unes sur les autres, comme on en avait l'habitude autrefois, ce qui diminuait les pièces à chaque étage. Les côtés opposés aux tuyaux sont figurés par des placards servant d'armoires.

Le rez-de-chaussée, pris du niveau de son carreau au même niveau du premier étage, a 11 pieds de hauteur, ce qui porte l'escalier à vingt-deux marches de chacune six pouces de hauteur; il monte d'une simple révolution : le premier étage a 9 pieds sous le plancher. Si l'on voulait pratiquer une cave sous le rez-de-chaussée, il faudrait y descendre au moyen d'une trappe dans l'allée.

Pour rendre la façade régulière, il faut laisser en retraite la moitié du mur mitoyen, sur lequel on fera saillir le ravalement de quelques pouces. On figurera la croisée de la même manière que la porte d'entrée, et on élèvera dans la baie de cette croisée un petit mur en retraite de cinq à six pouces, jusqu'à hauteur d'appui. Le reste du ravalement est suffisamment expliqué par la figure. La porte d'entrée a deux fois sa largeur en hauteur, et les croisées une fois et demie. La corniche de couronnement a deux quarantièmes de hauteur, divisés à partir du sol du rez-de-chaussée jusqu'au dessus de la première moulure (1), ce qui s'obtient facilement en divisant cette hauteur en 8 parties, et en subdivisant l'espace de la 7me à la 8me en 5 autres parties, dont les deux dernières déterminent la hauteur de la corniche. Le sol de ces maisons, comme de celles qui vont suivre, est élevé de dix-huit pouces au dessus de celui de la rue, pour la plus grande salubrité ; chacune a un puits dans sa cour, et des privés.

DEUXIÈME MAISON.

MÊME PLANCHE.

La seconde maison, dans la même dimension que la précédente, a son entrée prise sur son plus grand côté ; la porte est placée dans le milieu de la façade. On entre dans un petit vestibule qui communique aux deux pièces du rez-de-chaussée à l'escalier, et de là à la cour ; où pour arriver il faut descendre trois marches, dont deux prises du pied de l'escalier même, pour laisser la hauteur nécessaire au passage sous l'escalier, et la troisième dans la cour. On peut pratiquer la descente de la cave sous l'escalier même, aux marches duquel on donnerait 6 pouces $^1/_2$ de hauteur, pour obtenir l'échappée convenable sous l'escalier, laquelle par ce moyen pourrait être de 6 pieds. On arrive aux deux étages supérieurs (dont la distribution serait la même qu'au rez-de-chaussée) dans une petite pièce qui communique aux deux autres qui composent le logement, et à l'escalier, de manière que ces deux étages pourraient être habités par des locataires différens, ainsi que le rez-de-chaussée. Il y aurait à chaque étage une pièce à alcove. Le mode de cheminée est le même que pour la précédente maison. Les tuyaux, ou coffres de cheminées du premier étage, seraient reportés, l'un à droite, et l'autre à gauche des cheminées du deuxième étage.

Le rez-de-chaussée, pris du niveau du carreau au niveau du premier étage, aurait 9 pieds 6 pouces, ce qui porterait le nombre des marches à dix-neuf. Le premier étage serait de la même hauteur, et le second de sept pieds neuf pouces sous plancher.

Le ravalement de la face de la maison serait, comme à la précédente, en saillie sur le milieu du mur mitoyen, pour pouvoir dans cet espace, profiler en retour d'équerre les appuis, les plinthes et les corniches. La porte d'entrée a deux fois sa largeur en hauteur, les croisées une fois et demie, et celles du second sont carrées. La corniche a un huitième de moins en hauteur que celles de la maison précédente, proportion qui peut aussi convenir à ces sortes de maisons.

(1) Cette hauteur n'a d'autre règle que celle de ne pas trop laisser d'espace entre le linteau de la croisée et le dessous de la corniche. (Voyez la règle pour les maisons suivantes.)

TROISIÈME MAISON.

PLANCHE 20.

Cette troisième maison a 18 pieds de largeur dans œuvre, sur 24 pieds de profondeur. L'escalier, par une troisième disposition relativement à ceux des deux maisons précédentes, tient à la porte d'entrée, et par sa situation l'allée peut être fermée aux locataires des étages supérieurs. Elle est composée, au rez-de-chaussée, de deux pièces et d'un cabinet qui, de même que la pièce du fond, tire son jour de la cour. Cette cour a 10 pieds de profondeur sur 11 pieds trois pouces de largeur; il y a un puits d'un côté, et les privés de l'autre, à côté du cabinet. Au premier étage, à l'arrivée de l'escalier, un palier donne entrée aux deux pièces et au cabinet qui le composent. Dans la pièce sur la cour est pratiquée une alcove et une garde-robe. Sur celle du devant est un cabinet qui tire son jour sur l'escalier. Du même palier au premier étage, l'escalier conduit au second étage qui serait distribué comme le premier. On pourrait, si on le jugeait convenable, pratiquer des privés à chaque étage. La disposition des cheminées est la même que celle des maisons précédentes.

La façade est décorée de trois arcades simples, formant soubassement, dont l'une pour l'entrée de l'allée; celle opposée est feinte jusqu'à la hauteur d'appui, et celle du milieu prend naissance sur l'appui même. Le premier et le second ont des ouvertures de croisées simples; celles du premier étage ont deux fois leur largeur en hauteur, et celles du deuxième une fois et demie. La corniche est dans les mêmes rapports que ceux de la seconde maison.

Le rez-de-chaussée, du niveau du carreau au dessus du même niveau du premier étage, a 9 pieds 6 pouces pour dix-neuf marches. Du même niveau à celui du second 9 pieds 6 pouces, et le second sous plancher 7 pieds 6 pouces. La descente de cave pourrait être placée sous l'escalier même.

QUATRIÈME MAISON.

MÊME PLANCHE.

La quatrième maison, sur un terrain irrégulier, a 18 pieds de largeur dans œuvre, en y comprenant l'allée, sur 27 pieds de profondeur aussi dans œuvre, parallèlement au mur de face. Le grand angle est occupé par l'escalier, une petite cour ayant son entrée par l'allée et des privés. L'escalier tire son jour par la petite cour. L'allée, de 3 pieds de largeur, sert de communication à la distribution du bas, qui est composée de deux pièces et d'un cabinet éclairé sur la plus grande cour, ainsi que la pièce du fond. Au premier étage, l'escalier conduit à un palier au dessus de l'allée, dont la cloison de séparation monte de fond, et dégage aux pièces qui le composent, dont la première sur le devant a une alcove, une garde-robe et un cabinet éclairé sur la rue. L'entrée de la seconde pièce sur le palier pourrait être fermée pour y placer un lit, et si son dégagement par la première pièce était insuffisant, on en ouvrirait alors la porte par le petit cabinet sur le palier; le cabinet sur la cour pourrait servir de cuisine. Le deuxième étage au dessus serait distribué de la même manière que le premier. Derrière la cheminée du premier passe le tuyau de celle du bas sans se dévoyer; mais il faudrait arranger le conduit de la cheminée du premier de manière qu'au second étage il se trouvât placé à côté de celle du premier, pour ne point anticiper sur la pièce. Pour le tuyau du second étage, en conduisant celui de la cheminée du rez-de-chaussée, arrivant au premier vers le mur de la cour, le tuyau du premier au second en prendrait la place.

Sur la façade à rez-de-chaussée la porte d'entrée est coupée dans sa hauteur, ce qui laisse un jour pour éclairer l'allée, et la met dans la proportion de deux fois sa largeur en hauteur; elle serait répétée de l'autre côté. Une plus grande croisée décorerait le milieu de la façade; elle aurait une fois et demie sa largeur en hauteur, elle serait ornée d'un chambranle, d'une frise et d'une corniche (1), dont la continuation servirait de couronnement au rez-de-chaussée. Les croisées des étages au dessus n'ont pas besoin de remarques. La corniche de couronnement est de la plus petite proportion dont on puisse faire usage, n'ayant qu'un quarantième et demi de hauteur; en observant que c'est toujours relativement au peu d'importance attaché à la décoration.

Pour l'intérieur, du niveau du carreau du rez-de-chaussée à celui du premier 10 pieds, du premier au second 10 pieds, et le second sous plancher, 7 pieds 6 pouces. La descente de la cave est indiquée par la position même de l'escalier du côté de la petite cour.

CINQUIÈME MAISON.

PLANCHE 21.

Les terrains irréguliers sont ceux qui sont les plus embarrassans à bien distribuer, et il s'en rencontre fréquemment; celui-ci, enclavé dans d'autres, en offrira un exemple. Il a 30 pieds dans œuvre pris sur la ligne du mur intérieur du bâtiment, sur 52 pieds 3 pouces de profondeur, non compris l'épaisseur du mur sur la face principale qui est de 18 pouces. Il est distribué en deux corps de logis séparés par une cour. Le corps de logis sur la rue au rez-de-chaussée, est composé d'une allée qui conduit par la cour au bâtiment du fond; dans cette allée est placé un escalier et une descente de cave, en face de laquelle sont les latrines. La localité se compose d'une boutique, de deux autres pièces,

(1) Pour les proportions de la corniche, de la frise et du chambranle, voyez Planche 17.

d'un petit cabinet tirant son jour sur l'escalier, et d'une descente particulière de la boutique à la cave. Le bâtiment du fond, comme celui du devant, a 12 pieds de profondeur dans œuvre, sur 32 pieds de largeur. Il consiste en trois pièces, un cabinet et des latrines, donnant sur une petite cour séparée de la plus grande par un mur d'appui, et un escalier derrière lequel on communique d'une pièce à l'autre. La descente de cave est placée sous l'escalier. Dans la cour commune aux deux corps de logis, il y a un puits.

Le premier sur la rue, est composé de quatre pièces et un cabinet, et d'un passage de dégagement sur le palier de l'escalier pour la pièce qui pourrait servir de cuisine ; sur ce même palier sont placés les privés éclairés sur la petite cour. Le bâtiment du fond est composé de quatre pièces, d'un dégagement et d'un petit cabinet. L'escalier arrive en face de la porte d'entrée, et du pied de cette même porte reprend l'emmarchement qui conduit à un étage supérieur, si on veut en ajouter un, lequel serait distribué de même que le premier étage. Pour la distribution du second étage sur le devant, celle du premier peut également convenir. On pourrait laisser le dessous du comble en greniers particuliers, ou le diviser en petites chambres.

Pour la façade, en suivant toujours le principe de la régularité, elle est décorée, pour le rez-de-chaussée, de trois arcades et de deux croisées, ensuite de cinq croisées de front à chaque étage. Le ravalement est en saillie sur la moitié de l'épaisseur du mur mitoyen pour faciliter le retour des angles des plinthes, bandeaux et corniches. Les arcades ont deux fois leur largeur en hauteur ; les croisées du premier de même, et celles du second une fois et demie. La corniche est dans les mêmes règles que celle de la première maison.

Le rez-de-chaussée ainsi que le premier étage aurait de hauteur, prise du niveau du carreau au même niveau de chaque étage, 10 pieds ; et le second sous plancher 7 pieds.

SIXIÈME MAISON.

PLANCHE 22.

Cette sixième maison, située entre deux rues, et dont le terrain est irrégulier, présente deux faces symétriques, l'une sur la rue principale, l'autre dans une cour et ses dépendances. Cette cour forme un retour d'équerre pris sur son axe, en partant de l'angle du mur près de la porte de l'allée qui y communique ; et de cet axe on décrit un cercle qui en détermine la largeur, et dont l'angle formé par le retour d'équerre est évidé par une demi-partie circulaire, au centre de laquelle est placé un puits. Le bâtiment sur la principale rue a 36 pieds dans œuvre de longueur sur 18 de profondeur. Il est composé d'une allée sous laquelle est placé un escalier conduisant aux étages supérieurs, et un autre au dessous pour les caves, d'un logement de portier, d'une boutique, d'une cuisine, d'une salle, d'une petite pièce pour y placer un lit, laquelle tire son jour par la seconde rue ainsi que l'une des deux salles, d'un dégagement par la boutique par lequel on communique à un escalier pour descendre à la cave, ensuite aux latrines et puis dans la cour.

Le terrain sur l'autre rue, pris du fond de la partie cintrée, touchant au mur extérieur de la maison sur la cour, a de profondeur 40 pieds 6 pouces, sur 24 pieds 6 pouces pris à cette même base dans œuvre, et 11 pieds 6 pouces à l'autre extrémité. Cette cour a son entrée sur l'autre rue, par une porte-cochère ; au fond de cette cour est un petit bâtiment parallèle à la face opposée, composé d'une remise, d'une écurie pour deux chevaux, d'un passage qui y communique, et d'un escalier pour monter au dessus.

Le premier étage sur la rue principale est composé d'une salle à manger, d'un salon, de trois autres pièces dans l'une desquelles est placé un lit, d'une cuisine et de deux dégagemens, l'un de l'appartement et l'autre sur l'escalier pour le service, et par lequel on communique aux privés. Le second étage pourrait être distribué de la même manière.

La hauteur du rez-de-chaussée, prise du niveau du carreau au dessus de celui du premier étage, est de 11 pieds, celle du premier, de 10 pieds, et le second sous plancher aurait 8 pieds.

Le ravalement au rez-de-chaussée présente trois arcades de front et deux portes, dont une est celle de l'allée, et l'autre est feinte jusqu'à hauteur d'appui, et sert de croisée. Le premier et le second présentent cinq croisées de front, et sont ornés de plinthes, de bandeaux et de corniches. Les arcades ont un sixième de moins en hauteur que le double de leur largeur, pouvant déroger à la règle dans les cas où leur cintre n'est point supporté par une plinthe ou une corniche ; les croisées ont une fois et demie leur largeur en hauteur, au premier étage comme au second. La corniche a un huitième de moins en hauteur que celle de la maison précédente.

SEPTIÈME MAISON.

PLANCHES 23 ET 24.

Cette maison située à l'angle de deux rues, sur un terrain de 63 pieds 6 pouces carrés pris dans œuvre, présente au rez-de-chaussée une distribution fondée sur le rapport. Chacune des boutiques a un escalier dans son intérieur qui communique à un entresol qui en fait partie. Une des arcades donne entrée à un vestibule sous lequel on trouve un portier, et vis-à-vis de lui un grand escalier pour monter aux étages supérieurs. De ce même vestibule on passe dans une cour de 34 pieds 6 pouces carrés, dans laquelle on a placé une remise et une écurie, un escalier de dégagement, des privés au dessous, et un puits qui fait face à la porte d'entrée. Sous le grand escalier est placée la descente des caves, dans l'une desquelles l'escalier de la boutique qui fait l'angle des deux rues peut communiquer sous celui qui conduit à son entresol.

Le premier étage est distribué en deux appartemens. Le nom des pièces, écrit dans chacune d'elles, dispense ici d'en faire la nomenclature; seulement les pièces qui, faute d'espace, ne sont point indiquées sur le plan, doivent faire partie des deux appartemens auxquels elles sont contiguës.

L'étage supérieur peut être distribué de la même manière, ou bien en logemens moins considérables; et le comble au dessus serait disposé en petites chambres pour les domestiques, ou même propres à la location.

Les deux façades ont chacune cinq arcades au rez-de-chaussée, dont les pieds-droits ont en largeur la moitié de leur ouverture, et ces arcades deux fois leur largeur en hauteur. Les croisées de l'entresol sont pratiquées dans la hauteur du cintre. Les croisées du premier et du second étage sont dans les proportions indiquées planche 17, et ont au premier étage leur trumeau égal en largeur à la hauteur de leur vide.

Le niveau, pris du sol de la rue au niveau du dessus de la corniche, hauteur indéterminée, est divisé en huit parties, dont la huitième est subdivisée en cinq, et dont deux de ces parties sont pour la corniche, et la moitié des trois autres pour la frise; l'architrave en est supprimée (1). Des refends, depuis le premier étage jusque sous la frise, ornent les angles de chaque face, de même que les pieds-droits des arcades. L'angle rentré au coin des deux rues se termine en encorbellement sous la plinthe qui sert de couronnement aux arcades, pour soutenir l'angle en retour d'équerre à la hauteur du premier étage. Il y forme une petite retraite pour rendre à l'œil chaque face régulière.

Pour l'intérieur, à partir du niveau du pavé sous le vestibule jusqu'au dessus du plancher du premier étage, 19 pieds. Dans cette hauteur sont comprises celles des boutiques et de leurs entresols. Le sol des boutiques est élevé de 6 pouces au dessus du pavé de la rue. Leur hauteur sous plancher est de 10 pieds, le reste est pour celle des entresols. Du niveau du premier à celui du second, 13 pieds; du second au troisième, 11 pieds 3 pouces, et du troisième sous plancher, 7 pieds. Les privés communs seraient pratiqués au dernier étage.

(1) Cette suppression de l'architrave n'altère en rien la proportion de la corniche, qu'on pourrait obtenir de même en prenant pour hauteur fixe celle du dessus du dernier plancher, et la diviser, à partir du sol de la rue, en trente-six parties et demie, dont une et demie reportée au dessus donnerait la hauteur de la frise, et deux parties ensuite celle de la corniche, ce qui rentre toujours dans les proportions déterminées pour les entablemens, puisque toutes ces parties réunies forment ensemble les 40 dont il faut diviser la hauteur que l'on aura fixée pour être le dessus de la corniche.

DES MAISONS PARTICULIÈRES.

HUITIÈME MAISON.

PLANCHES 25 ET 26.

Cette maison, disposée pour un homme d'affaires, a 63 pieds 6 pouces de face, pris dans œuvre ; la profondeur en est indéterminée. L'entrée par un vestibule communique à un portique donnant sur la cour, aux deux bouts duquel sont placés deux escaliers, dont l'un conduit aux appartemens supérieurs et à l'entresol de son côté, et l'autre ne conduit qu'au seul entresol qui, comme de l'autre côté, donne sur la cour, et au dessus des pièces du rez-de-chaussée sur la rue. On pourrait éviter cette dépense si l'on voulait pratiquer un passage de communication à travers le vestibule, ou le couper même en entier à la hauteur de l'entresol ; mais l'effet que doit produire la vue du vestibule communiquant au portique serait manqué. La cour, dans laquelle on trouve une écurie et une remise, a 29 pieds dans œuvre dans sa largeur ; mais sa profondeur pourrait varier de quatre jusqu'à six arcades si le terrain le permettait, comme on pourrait aussi donner plus de profondeur aux pièces qui ont vue sur la rue.

Le plan du premier étage indique que le corps de bâtiment s'élève seul sur la rue, et non les pièces en retour d'équerre sur la cour.

Le petit étage, ou second, pourrait être distribué, partie en petits appartemens, et partie en petites chambres pour les gens de la maison. La galerie au dessus du portique, sur la cour, comprendrait la hauteur des deux étages.

La façade, dans son rez-de-chaussée, est décorée d'une arcade de 8 pieds d'ouverture, et de trois croisées de chaque côté, de même que pour l'entresol au dessus. Le premier étage a sept croisées de face, ainsi que le second, qui tire son jour par autant de mezzanines.

Le rez-de-chaussée est élevé de 12 pouces au dessus du niveau de la rue ; et de celui du rez-de-chaussée au dessus de celui du premier étage il y a 18 pieds, dans lesquels il faut comprendre l'entresol, qui aurait 6 pieds et demi de hauteur sous plancher. Du niveau du premier à celui du second 13 pieds, et le second sous plancher 9 pieds.

La corniche extérieure du bâtiment a deux quarantièmes de sa hauteur pris à sa base, jusqu'au dessus du réglet de la cymaise qui la couronne, ou, ce qui revient au même, et se rapporte à ce que nous avons dit précédemment, et dans notre Avis préliminaire, qu'il faut diviser cette hauteur en huit parties, subdiviser la huitième en cinq, dont on prendra deux pour la hauteur de la corniche.

NEUVIÈME MAISON.

PLANCHES 27 ET 28.

Cette maison, dont le terrain a 60 pieds de face, sur 43 pieds 6 pouces de profondeur dans œuvre, peut être située entre cour et jardin. Sa distribution convient pour une maison de campagne, où la pièce principale, le salon de réunion, n'est précédée que d'un vestibule servant d'antichambre, duquel on communique à un escalier d'un côté, et à un office de l'autre. La cuisine et la salle à manger sont contiguës, et à l'opposé sont une chambre à deux lits, deux cabinets, une garde-robe, et un petit escalier conduisant à un entresol pratiqué au dessus des cabinets.

Au premier étage la distribution est composée de plusieurs chambres d'amis, et de cabinets auxquels on dégage du côté du jardin, par un corridor qui reçoit du jour par le comble, et qui donne entrée à un petit escalier conduisant à un belvéder, pour y jouir de la vue, suivant la situation de la maison. On pourrait même placer un billard dans la pièce donnant sur la cour.

En supposant que cette maison ne puisse point être isolée de toutes parts, on pratiquerait dans la cour, en pente suffisante, le long de la maison, un passage sous le perron, le vestibule et le salon, qui aurait la même issue sur le jardin que dans la cour. C'est dans cette hypothèse que nous avons répété dans les chambres du haut, pour régulariser les passages des tuyaux de cheminées, des espèces d'armoires à placard au côté de chaque cheminée. Et dans le cas où la maison pourrait être isolée, le passage de la cour au jardin serait ménagé sur les côtés, et les tuyaux de cheminées placés dans l'épaisseur des murs, comme nous les avons indiqués, en opposition avec les premiers.

Pour suivre le plan que nous nous sommes proposé dans cet Ouvrage, nous avons dû ajuster une façade à laquelle il nous fût possible d'approprier une porte avec sa corniche, son chambranle, contre-chambranle et consoles (1). Les croisées de chaque côté ont une feuillure pour encadrement, sur laquelle de simples joints viennent aboutir, et sont tracés en forme de claveaux sur le linteau, et dans l'espace des trumeaux jointoyés en manière d'appareil. La croisée du premier étage au dessus de la porte d'entrée est ajustée de même que la porte, avec corniche, chambranle et consoles, mais sans contre-chambranles. Les autres croisées ont un simple encadrement formé d'un filet et d'un talon, et ont un appui en balustrade. Celle du belvéder, outre le filet et le talon, ont un champ de plus pour encadrement.

La hauteur du socle formant celle du perron est percée de soupiraux, correspondans à l'axe des croisées du rez-de-chaussée; ce socle a 4 pieds 6 pouces de hauteur. De son niveau au rez-de-chaussée, jusqu'à celui du premier étage, il y a 14 pieds 6 pouces, et 12 pieds

(1) Voyez Planche 17.

DES MAISONS PARTICULIÈRES. 45

jusque sous le plancher de celui-ci. La partie destinée au belvéder serait surhaussée jusqu'au niveau de la corniche au moyen d'un faux plancher, et cet étage, sous plafond, aurait 10 pieds de hauteur.

L'entablement de la façade est la huitième partie de la hauteur prise du niveau du rez-de-chaussée, au niveau même du dessus de la corniche. Voyez les Ordres pour la distribution des moulures.

DIXIÈME MAISON.

PLANCHES 29 ET 30.

Cette habitation pour un particulier aisé, est, par sa distribution, de l'espèce de celles que l'on rencontre assez communément. Elle a 83 pieds de face, sur 38 pieds 6 pouces de profondeur dans œuvre. Placée entre cour et jardin, elle consiste, au rez-de-chaussée, en un vestibule fermé et servant d'antichambre qui conduit à l'escalier. La pièce qui le renferme sert de passage au jardin, et de communication, d'un côté, à la salle à manger et à la salle de billard ; la cuisine et le commun ont leur entrée par le vestibule. De l'autre côté est un salon, deux chambres, leurs dépendances, et un petit escalier pour l'entresol pratiqué au dessus de la pièce octogone.

Dans la cour sont placés, en parallèle, deux petits bâtimens, dont l'un sert d'écurie, et l'autre de remises, au dessus desquels sont des chambres de domestiques ; la façade en est tracée au dessus du plan. Ces bâtimens sont séparés de la maison par une terrasse, et la cour est fermée par une grille posée sur un mur d'appui, et soutenue par des pieds-droits.

Le premier étage n'occupe que la largeur comprise entre le talon, l'escalier, la salle à manger, etc., dont l'espace de 56 pieds dans œuvre, sur 38 pieds 6 pouces de profondeur, est disposé en quatre petits appartemens. Une partie du second étage servirait au logement des domestiques.

Le billard et le commun, ainsi que les pièces en parallèle, seraient couverts en terrasse à la hauteur du premier étage.

La façade présente, au rez-de-chaussée, une porte d'entrée ajustée avec des colonnes (1), un entablement et un fronton, de la même manière que nous l'avons indiqué planche 18. Elle porte un balcon. Les croisées de chaque côté sont avec chambranle et corniche, ainsi que celles des petits arrière-corps. Le soubassement doit rester lisse, c'est-à-dire sans joints ni refends, pour mieux en laisser ressortir l'ajustement des croisées. Au premier étage la croisée du milieu est avec corniche, frise, chambranle, contre-chambranle et console ; les autres de chaque côté sont avec chambranle simple ; celles du second ont pour encadrement une simple feuillure. Ici, dans le bas, et au premier

(1) Les proportions sont les mêmes pour un ajustement avec de simples pilastres.

étage, les trumeaux sont égaux à la largeur des croisées, et l'ajustement de la porte d'entrée règle la différence de ceux qui séparent la croisée du milieu d'avec les autres.

L'entablement qui couronne le bâtiment est au septième de la hauteur, prise du niveau du rez-de-chaussée, sous l'architrave, et dont une de ces parties est reportée au dessus (1).

Une portion de la coupe, prise sur la cour, indique celle de la porte d'entrée et du balcon au dessus. Le socle au dessous des colonnes a 3 pieds de hauteur. Les jours, ou les soupiraux des caves, sont pratiqués dans sa hauteur.

Du niveau du rez-de-chaussée au niveau du premier étage il y a 15 pieds, de ce dernier à celui du second 12 pieds, et l'étage supérieur sous plancher a 9 pieds de haut. Dans l'espace au dessus formant la toiture, on pourrait encore pratiquer de petites chambres de domestiques ; mais, au lieu de lucarnes qu'on y établit ordinairement pour éclairer ces sortes de pièces, nous avons indiqué des jours pris dans la hauteur de la frise. On pourrait, si on le jugeait convenable, tenir le comble un peu plus élevé.

ONZIÈME MAISON.

PLANCHES 31 ET 32.

Après avoir donné les règles de chaque Ordre en particulier, nous avons dû présenter un exemple de l'application de l'un d'eux pour la décoration de la façade d'un bâtiment, et nous avons pris l'Ordre Ionique comme le plus propre à cette sorte de décoration. Après avoir déterminé la hauteur de nos planchers du rez-de-chaussée et du premier étage, nous y avons mis en rapport celle de nos colonnes, suivant que nous l'avons jugé convenable. Ensuite nous avons divisé la colonne en vingt-sept parties, dont trois nous en ont donné le diamètre, et dix parties trois quarts pour notre entre-colonnement de l'axe d'une colonne à l'autre, l'entablement qui les couronne, et le piédestal ou stylobate qui les supporte, étant dans les mêmes rapports prescrits par l'ordre même (2). Ceci établi, nous avons aligné sur l'axe des colonnes d'angle le milieu de nos murs de refend, qui correspondent à l'axe des pilastres du côté du jardin, dont les deux entre ces derniers sont sur le même alignement des colonnes qui leur sont opposées.

Ce bâtiment a 56 pieds de face dans œuvre, sa profondeur est indéterminée ainsi que celles des petites pièces formant arrière-corps de chaque côté, malgré la cote que nous leur avons assignée. Arrivé sous le péristyle au moyen d'un perron, à l'imitation de ceux des temples antiques, on entre dans un vestibule. En face de l'entrée du milieu est une niche (3), derrière laquelle passe l'escalier qui conduit à un autre vestibule au pre-

(1) Voyez aux Ordres celui que vous voudrez y adapter.
(2) Voyez Planches 6 et 7.
(3) On pourrait placer dans cette niche un poêle construit de telle manière que la chaleur, se communiquant à deux autres placés au premier et au second étage, répandrait dans toute la maison une température douce, même au plus fort de l'hiver.

mier étage. De celui à rez-de-chaussée on communique à une antichambre, de là à la salle à manger, puis au salon, et du salon dans un appartement complet. Une office, ou commun, fait le parallèle de la salle de bain dans les deux arrière-corps, qui ne s'élèvent pas plus haut que le rez-de-chaussée (1). La cheminée de la chambre sur le jardin est au niveau de l'appui de la croisée et placée dans sa largeur; les poêles de la salle à manger et de l'antichambre seraient disposés de la même manière, et se dévoyeraient de chaque côté dans l'épaisseur des murs; et l'âtre des cheminées de la salle de bain et de la chambre sur la cour serait pivotant, pour y faire passer le feu de l'une à l'autre. La cuisine et les pièces dépendantes seraient placées dans le soubassement, et l'escalier de service arriverait dans le vestibule à l'opposé de celui qui conduit aux étages supérieurs.

Arrivé au premier étage, dans le vestibule, on y trouve l'entrée de deux chambres, et par un corridor placé derrière l'escalier on communique à trois petits appartemens pareils à celui du milieu du premier étage; et le reste serait réservé aux domestiques de la maison. Les privés y seraient aussi placés, et leur tuyau de descente pourrait passer par l'un des côtés de l'escalier, dont l'espace est marqué en forme d'armoire.

La simplicité de la façade n'a pas besoin de description, ayant déjà parlé plus haut de ses principales proportions (2). Nous observerons seulement que le socle élevé au dessus de la corniche du dernier étage, formant attique, servirait à masquer un chéneau par lequel on pourrait conduire les eaux pluviales dans un réservoir établi, soit dans les caves, soit à l'étage supérieur; et que l'espèce de pilastre, qu'on peut nommer plus justement *ante*, aux angles principaux du bâtiment, n'a pour moulures, à son couronnement, que celles du chapiteau des colonnes sans les volutes : cette sorte de pilastre n'étant là que pour la régularité ou la symétrie, peut se passer de cet ornement. La corniche de l'attique a de hauteur environ la moitié de celle de l'entablement de l'Ordre.

Par la coupe on voit que le soubassement, ou stylobate, aurait 6 pieds 9 pouces de hauteur, pris au dessus du sol de la cour; et du niveau du rez-de-chaussée à celui du premier étage 14 pieds; du premier au second 11 pieds, et du second jusqu'au dessous de son plafond 9 pieds. Cette coupe, prise par le milieu du bâtiment sur sa profondeur, laisse voir celle de l'escalier; le vestibule du second serait éclairé par le moyen de châssis établis sur le rampant du fronton de la façade au dessus des colonnes.

(1) Ces arrière-corps pourraient être décorés en treillage du côté du jardin.

(2) Le chapiteau de l'Ordre Ionique, plus agréable que parfait, termine toujours assez bien le fût qu'il couronne, le rend plus léger, plus élégant. Nous pensons cependant que cet Ordre est plus propre aux édifices d'une hauteur moyenne qu'aux grands édifices, en ce que son chapiteau étant trop élevé il perd de sa grâce. Ce même Ordre ne peut être employé en retour d'équerre, comme pour les portiques extérieurs. Il réussira toujours mieux pour les péristyles simples formant avant-corps, le chapiteau n'ayant que deux faces. On ne devrait jamais non plus l'employer comme pilastre au haut desquels les volutes paraissent alors plutôt fichées contre le mur, représentant des clous ou des patères que la forme d'un chapiteau qui ne fera jamais un bon effet lorsqu'il sera tronqué dans son développement.

Nota. Dans une seconde partie, publiée en 1823, nous avons donné en 36 planches, précédées d'un texte explicatif, tous les détails relatifs à la construction de ces diverses maisons, comme *taille de pierre, maçonnerie, charpente, menuiserie, serrurerie, marbrerie,* etc., avec le prix de chaque espèce de matériaux mis en œuvre, d'après lesquels il sera facile d'établir un devis de dépense.

DES BALUSTRADES.

PLANCHE 33.

La proportion ou la forme des balustres, quoique subordonnée pour leur aspect à la hauteur des places qu'on leur assigne, nous a cependant paru susceptible d'une division particulière, pour en régler le corps et les moulures; de sorte que ceux de 1 pied de hauteur, comme ceux de 2 ou davantage, puissent s'établir dans les mêmes proportions respectives.

Fig. 1re. Nous avons donc divisé la hauteur d'un balustre en 12 parties. Nous en avons donné 2 de diamètre à la largeur de son col, et 3.$\frac{1}{2}$ à celui de son renflement (1), auquel il va se joindre en courbant, et se terminer sur sa base en forme de globe tronqué. Les chiffres marquant les divisions des échelles entre lesquelles on a tracé les subdivisions, indiqueront suffisamment, à l'aide des principales lignes ponctuées qui s'y rattachent, la proportion tant en hauteur qu'en saillie de chaque moulure.

L'autre sorte de balustre, *Fig.* 2e, est propre aux intérieurs, comme pour les escaliers ou les appuis de galeries, etc.

L'espacement d'un balustre à l'autre à son renflement doit être du $\frac{1}{2}$ diamètre de son col. La proportion de l'appui ne saurait être bien déterminée. Cependant, on peut lui donner de hauteur 2 P. $\frac{1}{4}$, et 2 P. $\frac{1}{2}$, et 3 parties au socle sur lequel ils sont posés. Cette proportion suffit pour les balcons des croisées. Mais lorsque la balustrade sert de couronnement, et qu'elle termine la façade d'un édifice ou d'un simple bâtiment, il faut que son socle soit élevé sur un premier socle proportionné, dans sa hauteur, à la saillie de la corniche au dessus de laquelle elle est élevée, pour n'en point détruire l'effet.

L'appui doit être de $\frac{1}{8}$ en saillie sur le tailloir, et le socle de $\frac{1}{8}$ ou $\frac{1}{4}$ au devant de la plinthe de la base.

Fig. 3e. — *Echelle de reduction et d'augmentation.*

La distance d'A à B contient des détails ou des mesures que l'on veut réduire à celle C, D. Il faut alors, sur un papier à part, tracer une ligne de la longueur de l'objet que nous supposons être contenu dans l'espace d'A à B; et du point A au point B, *Fig.* 4e, l'on décrit une portion de cercle, ensuite on prend celle de la longueur C, D, que nous supposons de même être la diminution fixée; on porte la pointe du compas sur B, dont on coupe avec l'autre pointe la portion de cercle par la section D; et de là, point A au point D, l'on trace une ligne qui établit les mêmes rapports de diminution pour tous les objets contenus depuis A jusqu'à B. Cette diminution s'opère jusqu'à la ligne d'angle équilatéral E, qui devient égale à A, B. Par le même moyen, après la ligne A, E, l'échelle devient échelle d'augmentation, telle qu'en A, B et F, qui, arrivant au point G, double alors l'objet.

(1) Le renflement trop prononcé, suivant nous, donne mauvaise grâce au balustre.

FIN.

LES CINQ ORDRES
D'ARCHITECTURE

ET

SUITE DE MAISONS.

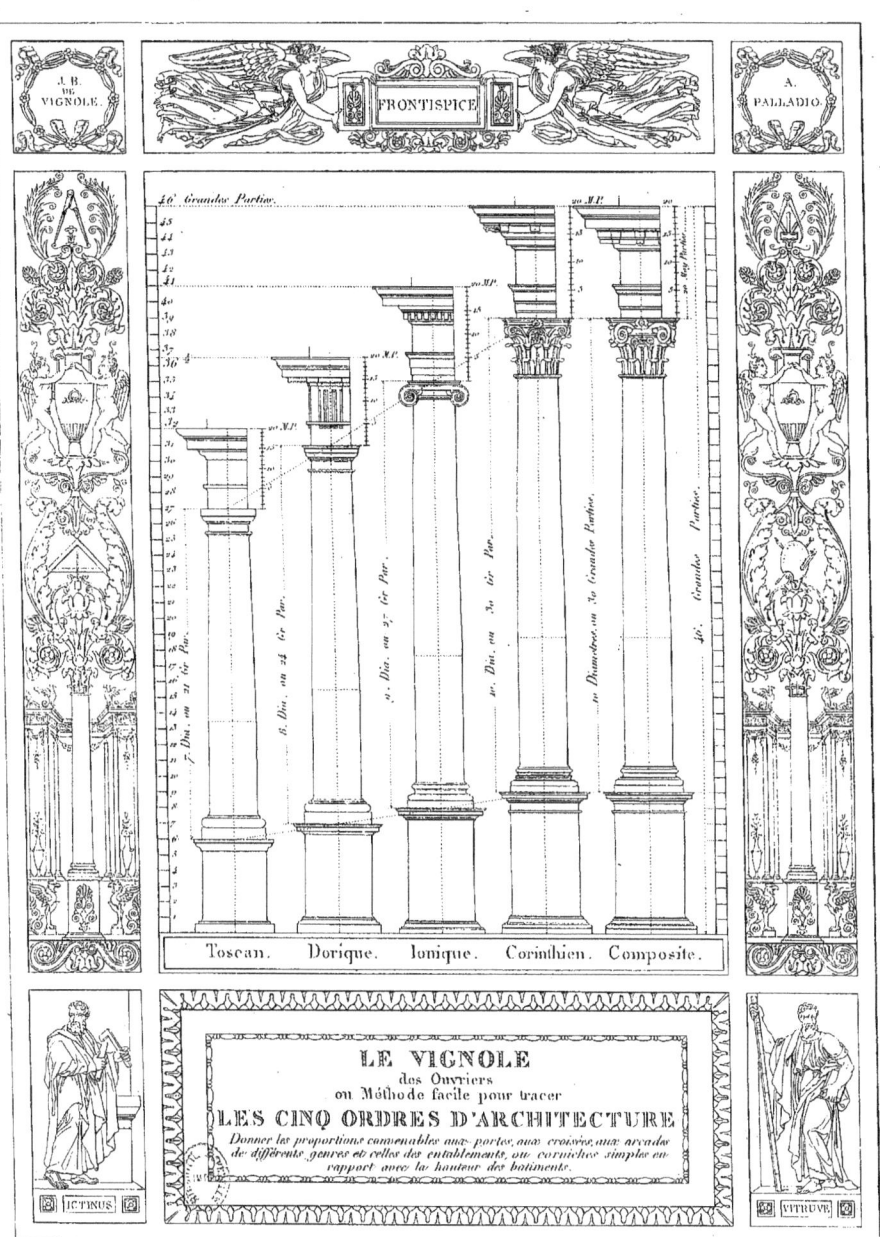

DES LIGNES ET DU TRACÉ DES MOULURES

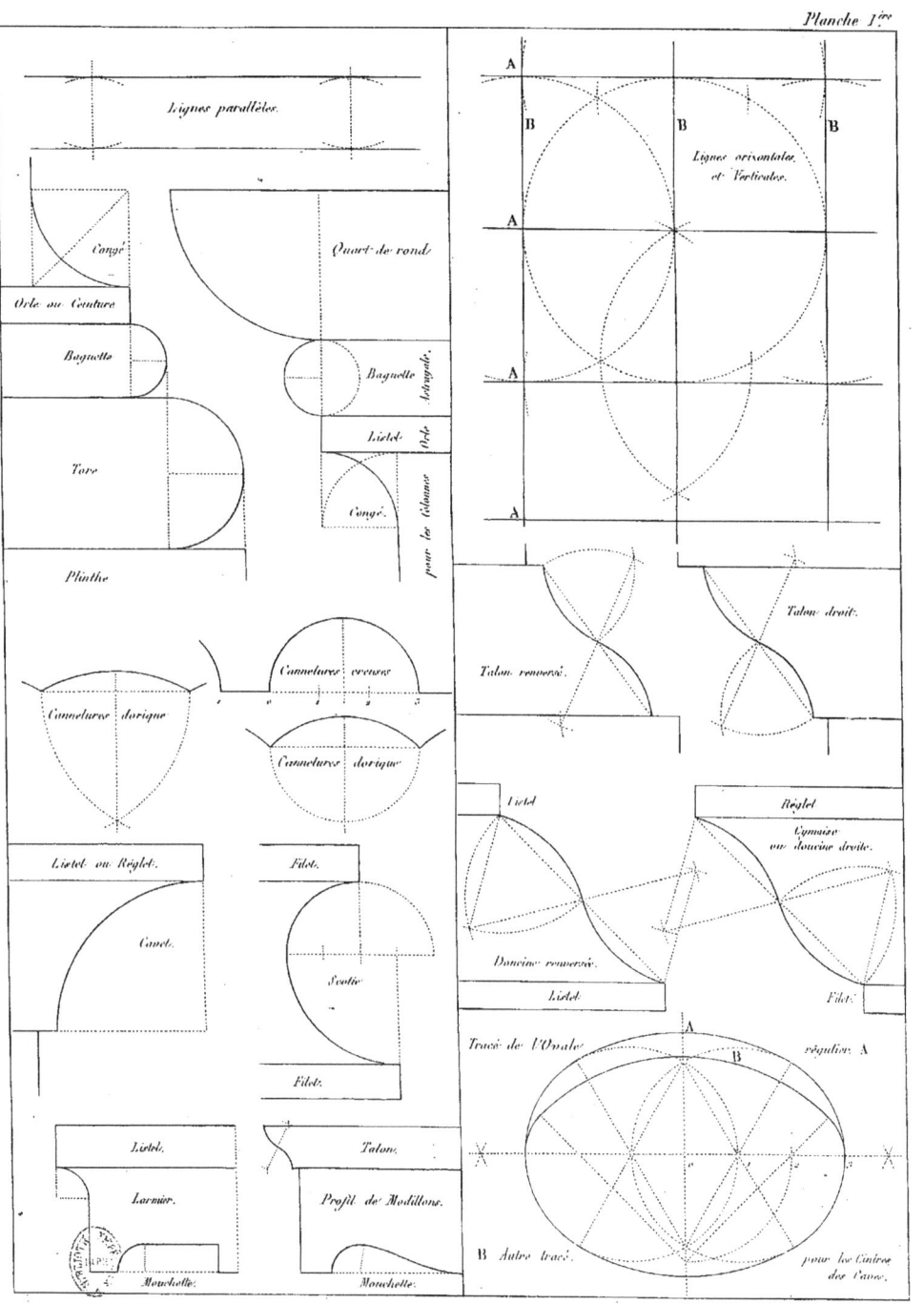

Planche 1ère

CHAPITEAU ET ENTABLEMENT TOSCAN

Planche 2.

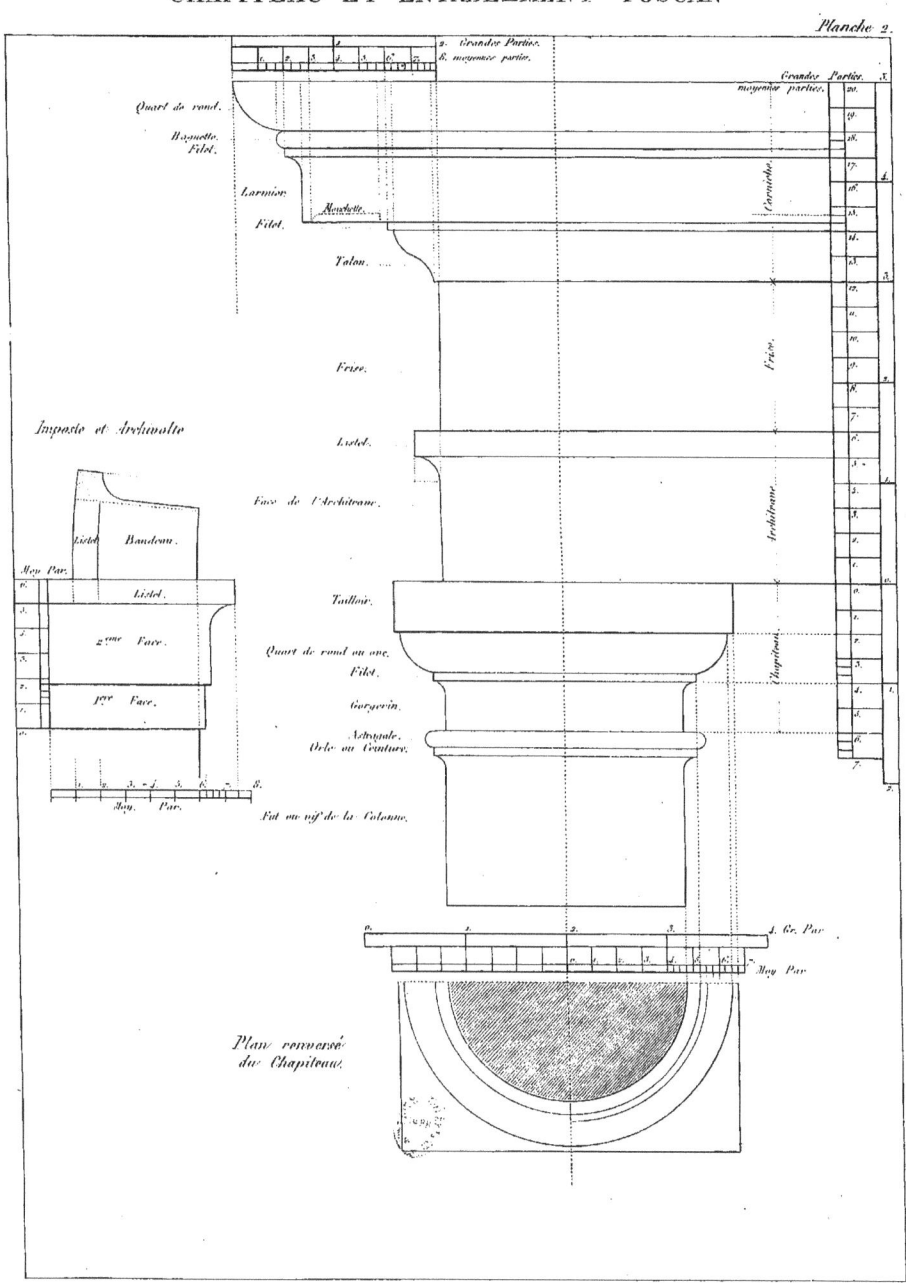

PIEDESTAL ET BASE DE L'ORDRE TOSCAN.

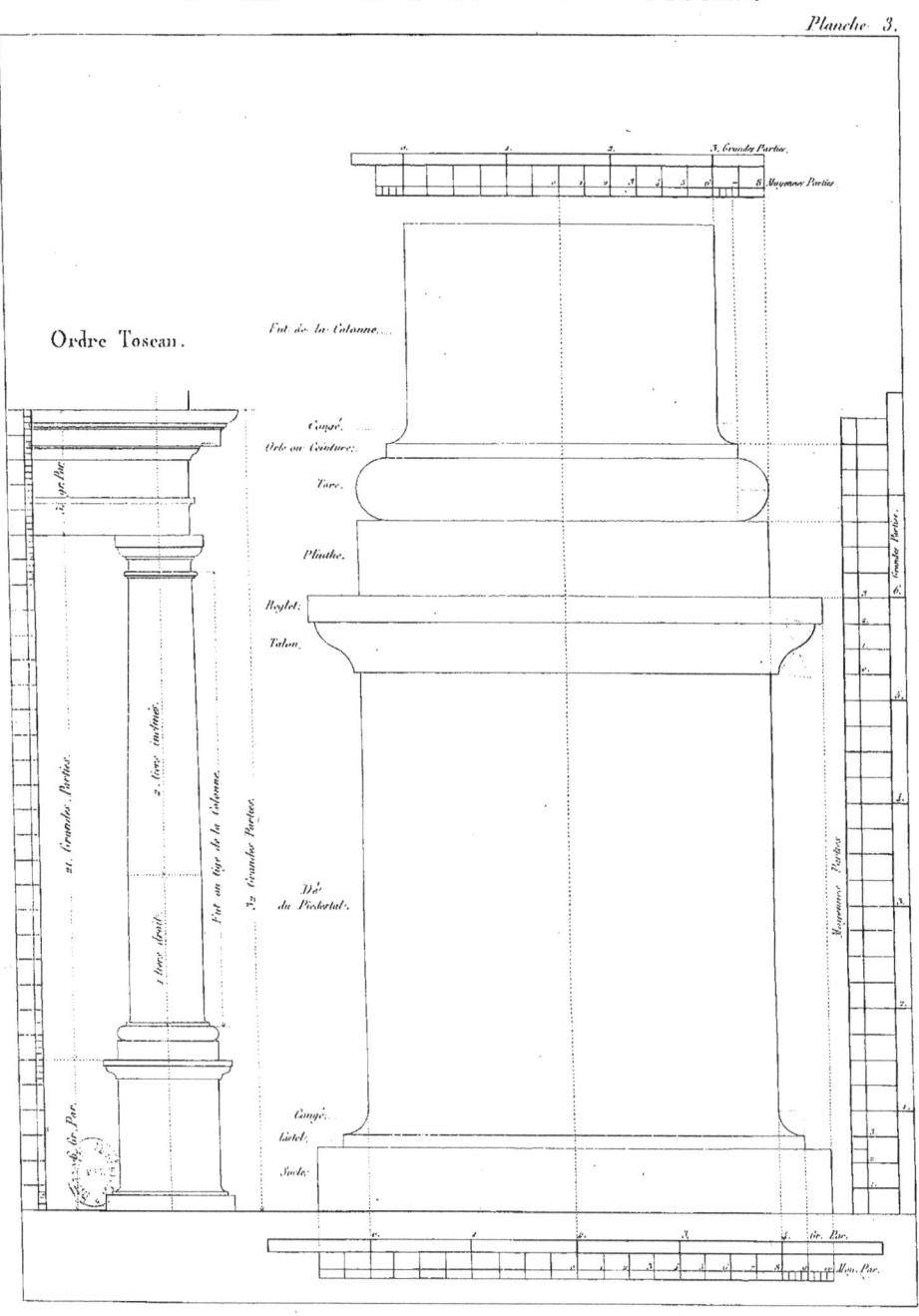

CHAPITEAU ET ENTABLEMENT DORIQUE.

Planche 4.

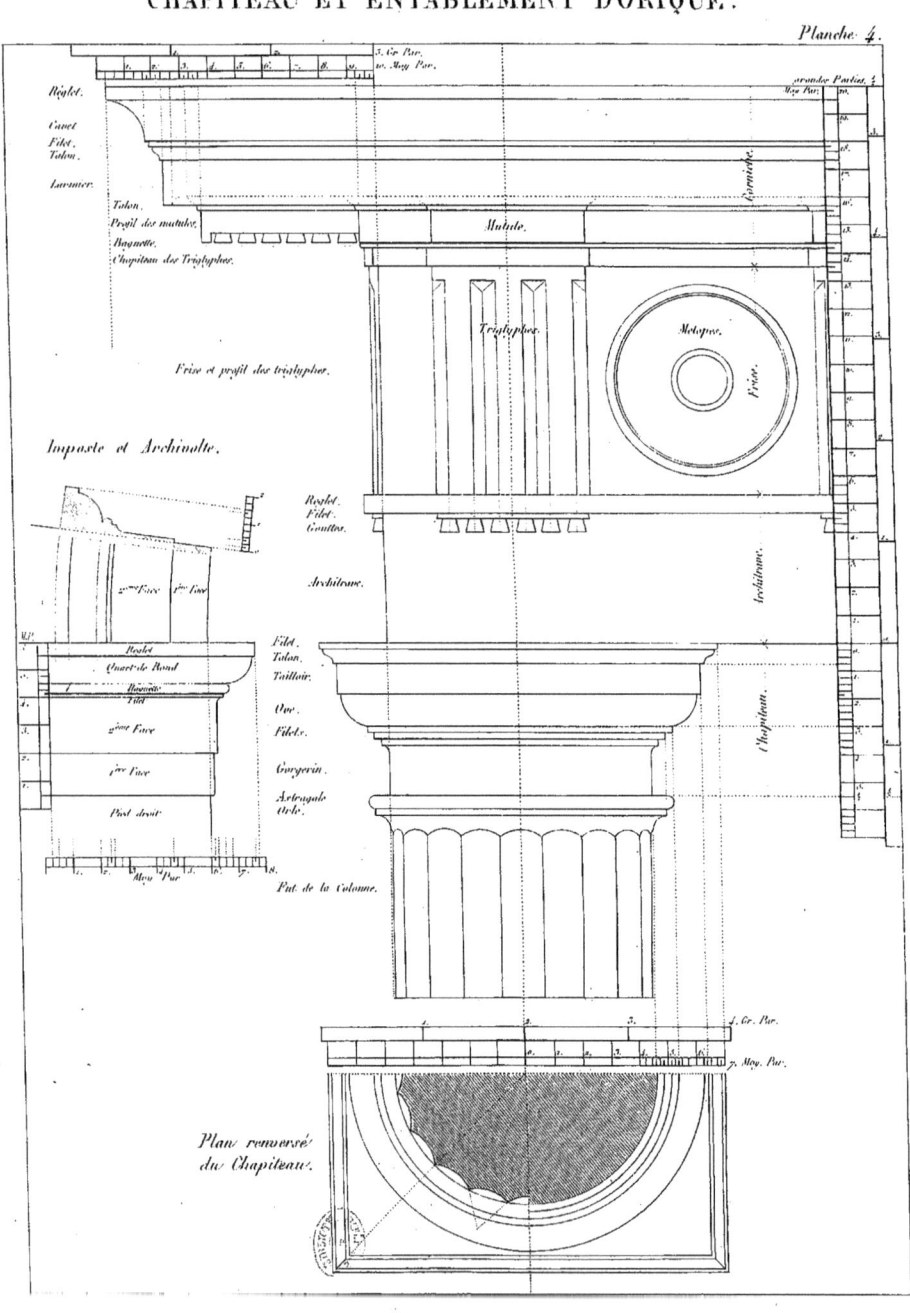

PIEDESTAL ET BASE DE L'ORDRE DORIQUE

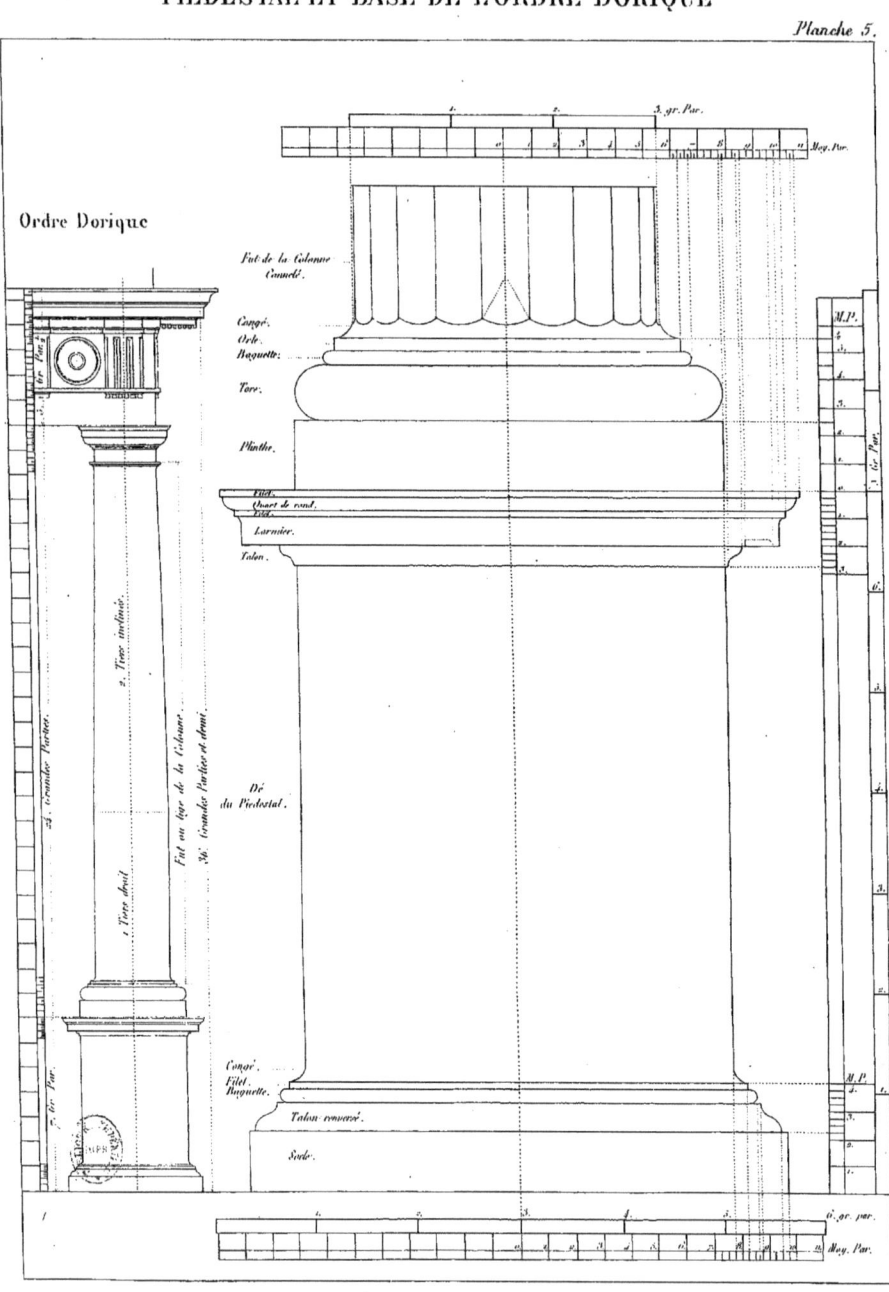

CHAPITEAU ET ENTABLEMENT IONIQUE.

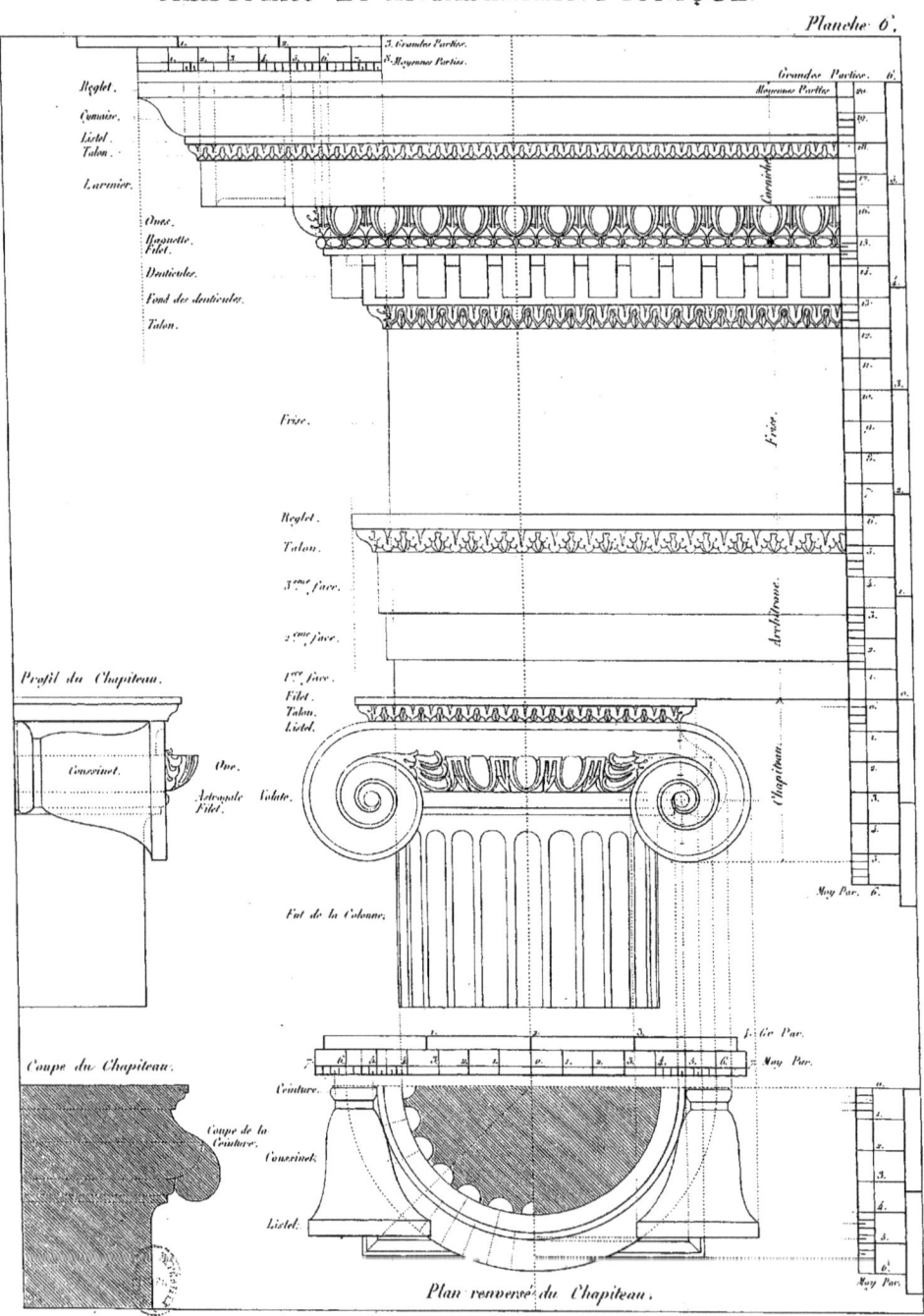

PIÉDESTAL ET BASE DE L'ORDRE IONIQUE.

TRACÉ DES VOLUTES IONIQUES.

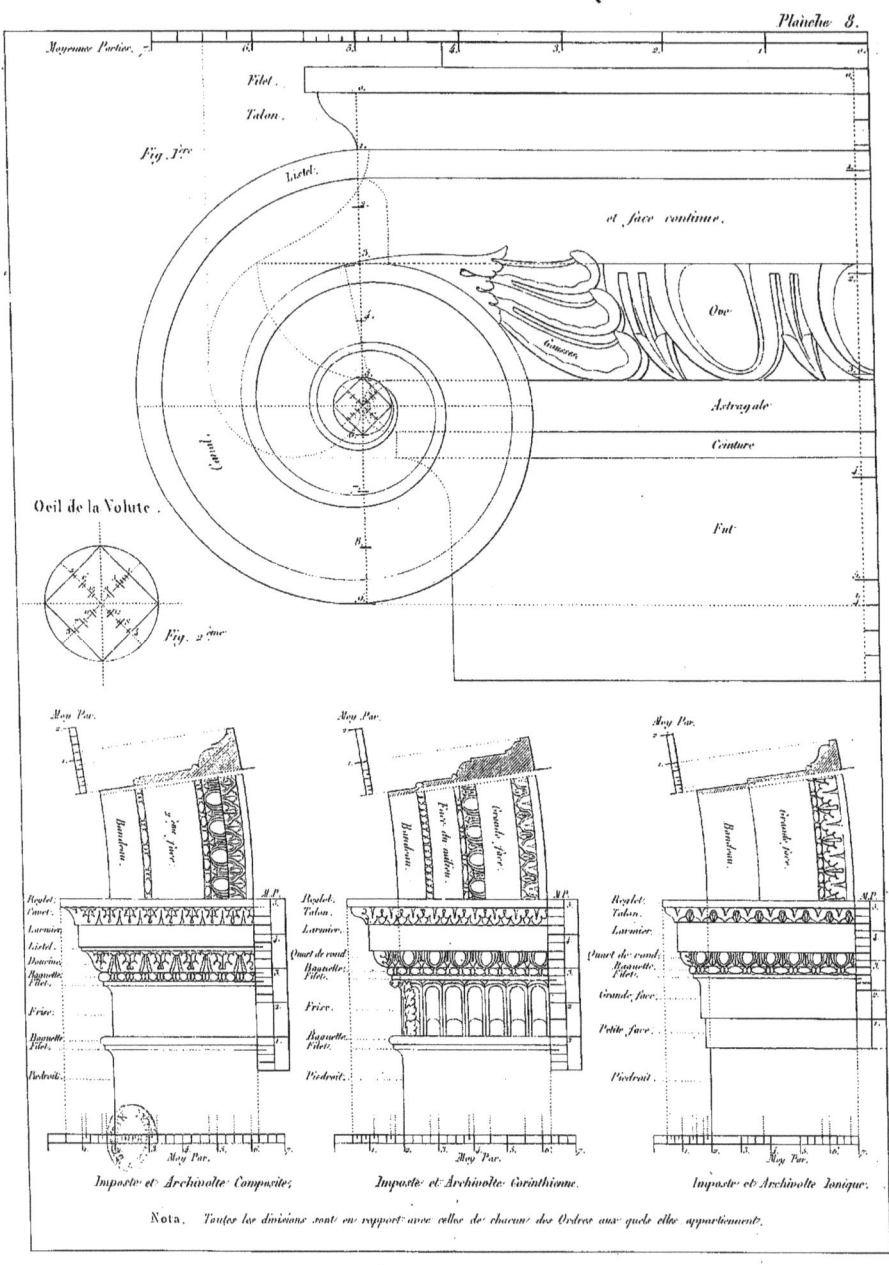

CHAPITEAU ET ENTABLEMENT CORINTHIEN.

Planche 9.

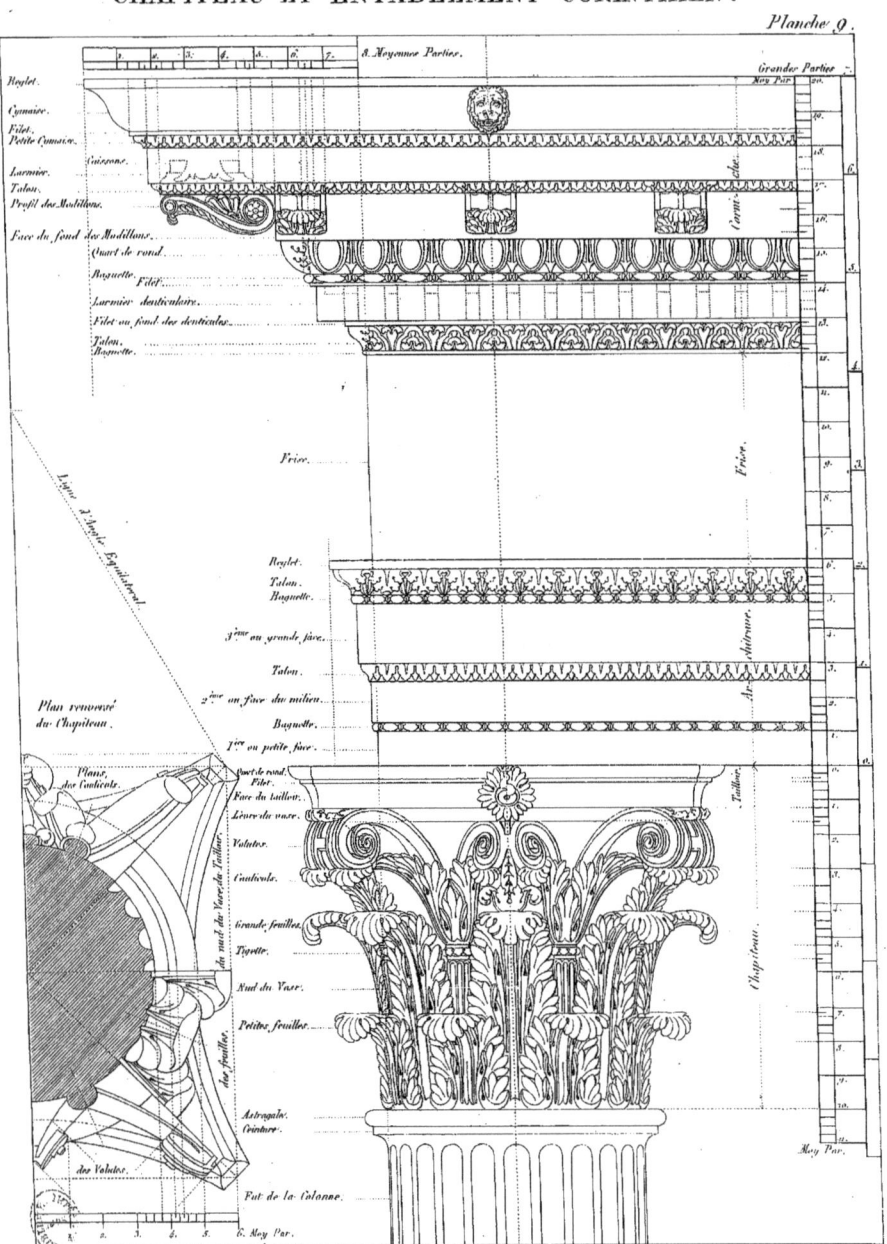

PIÉDESTAL ET BASE DE L'ORDRE CORINTHIEN.

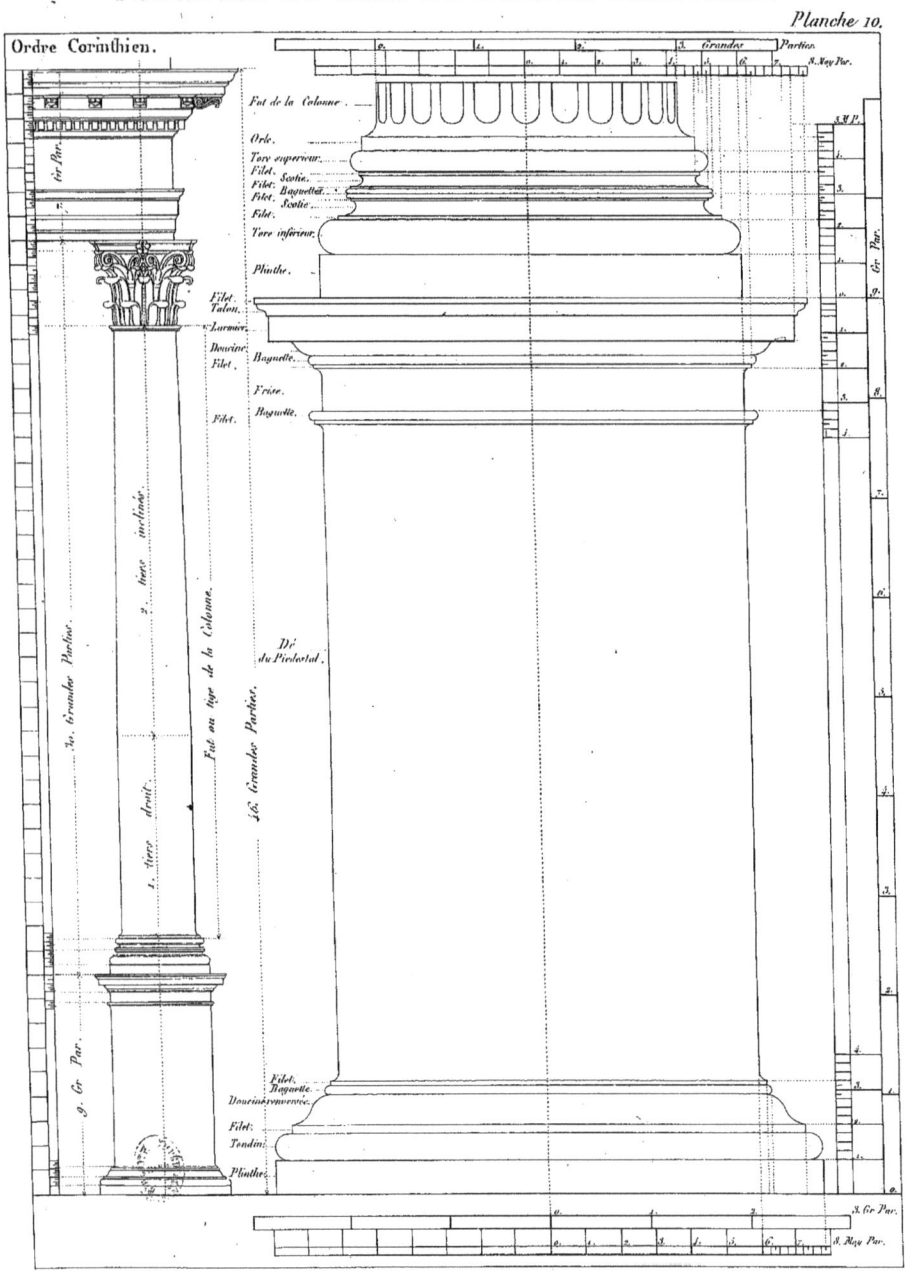

CHAPITEAU ET ENTABLEMENT COMPOSITE.

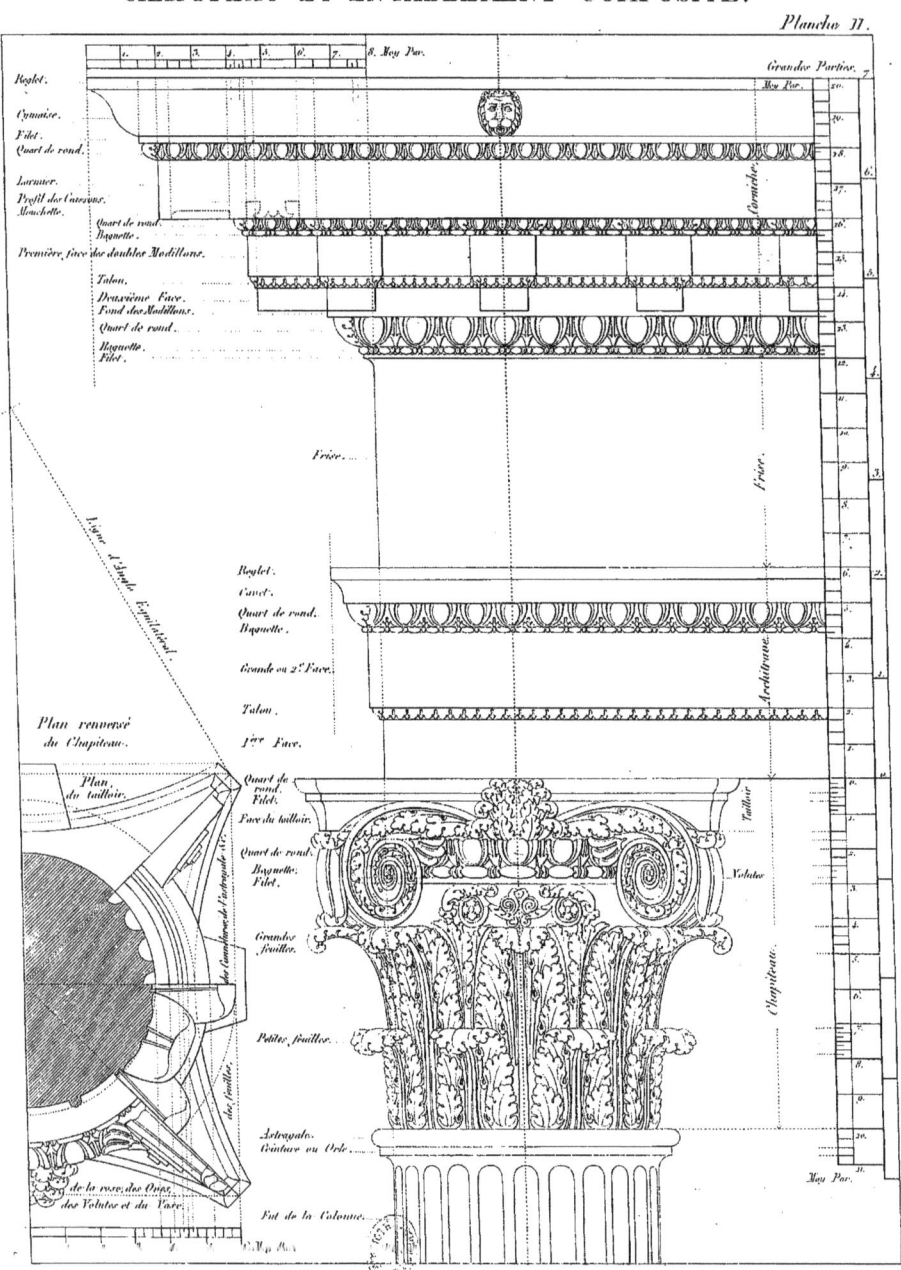

PIEDESTAL ET BASE DE L'ORDRE COMPOSITE.

Planche 12.

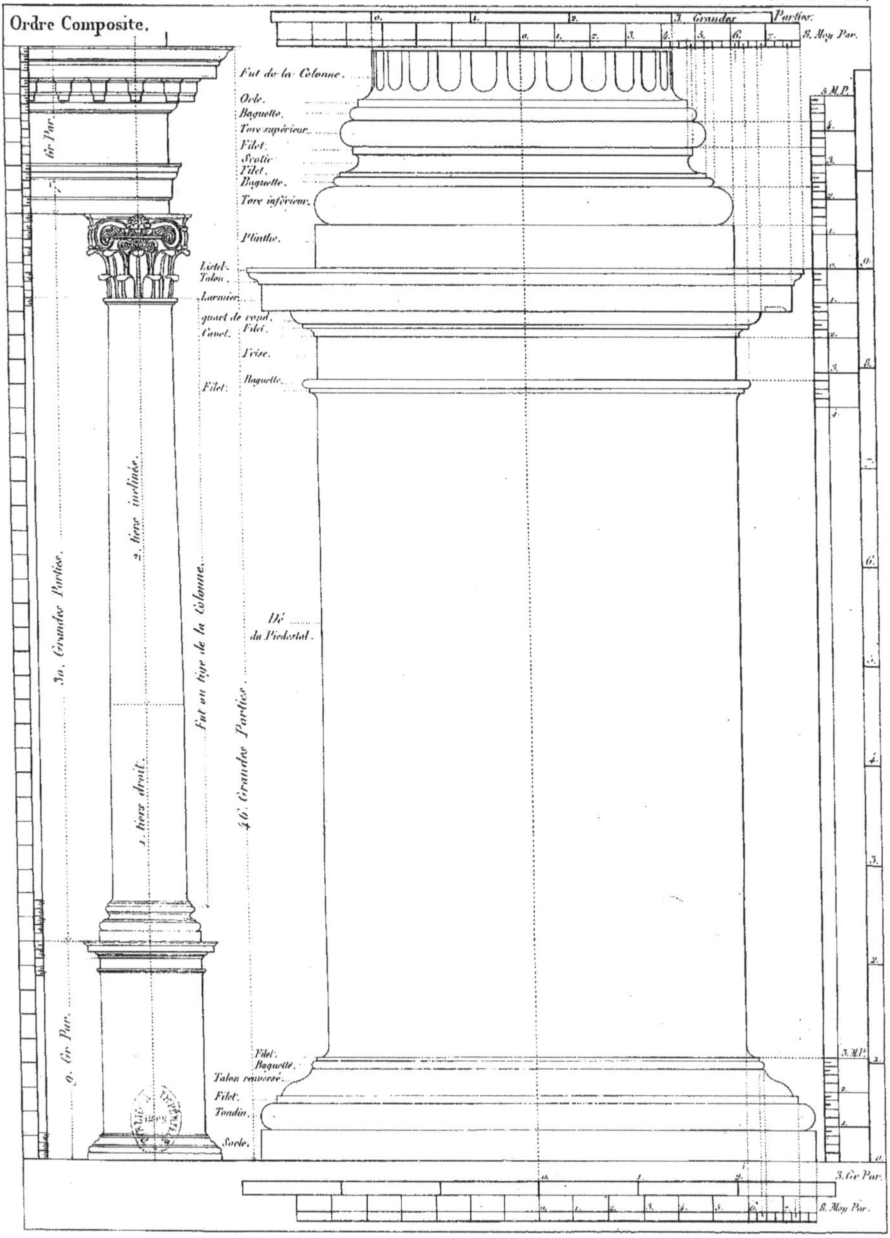

Ordre Composite.

PLAFONDS DES CORNICHES.

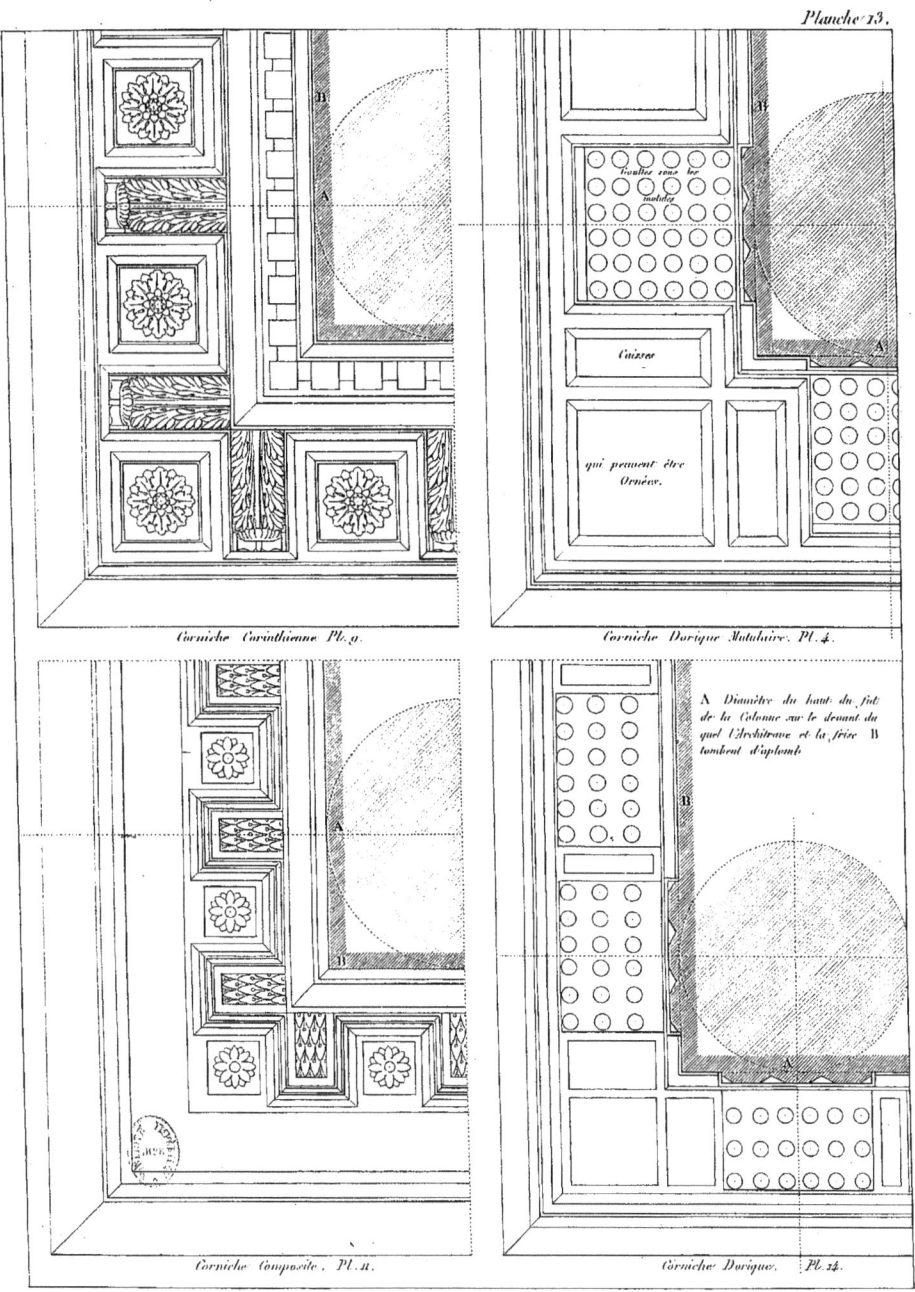

CHAPITEAU ET ENTABLEMENT DORIQUE.
Imité des Grecs.

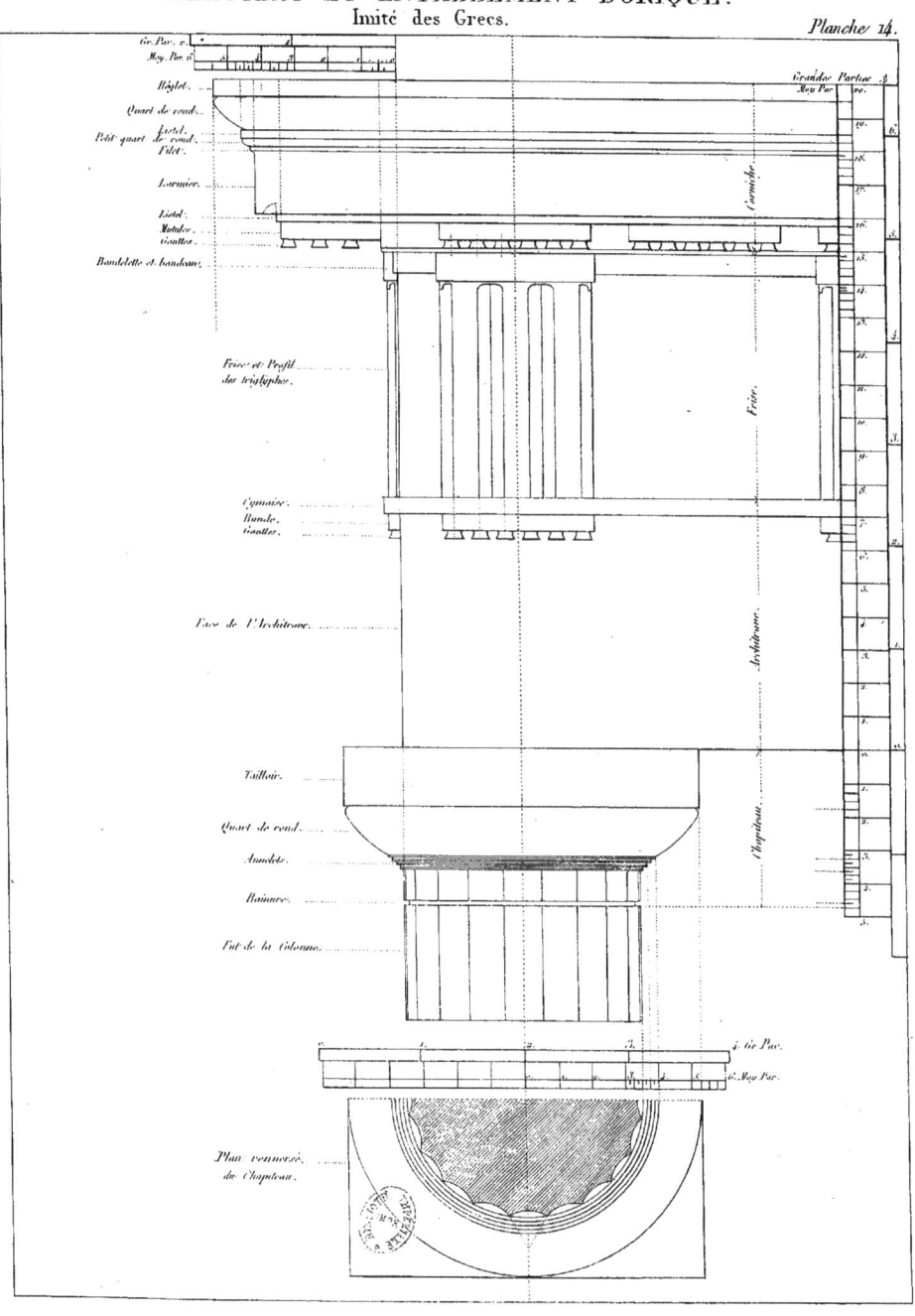

PIÉDESTAL ET BAS DU FUT DE LA COLONNE
de l'Ordre Dorique imité des Grecs.

Planche 15.

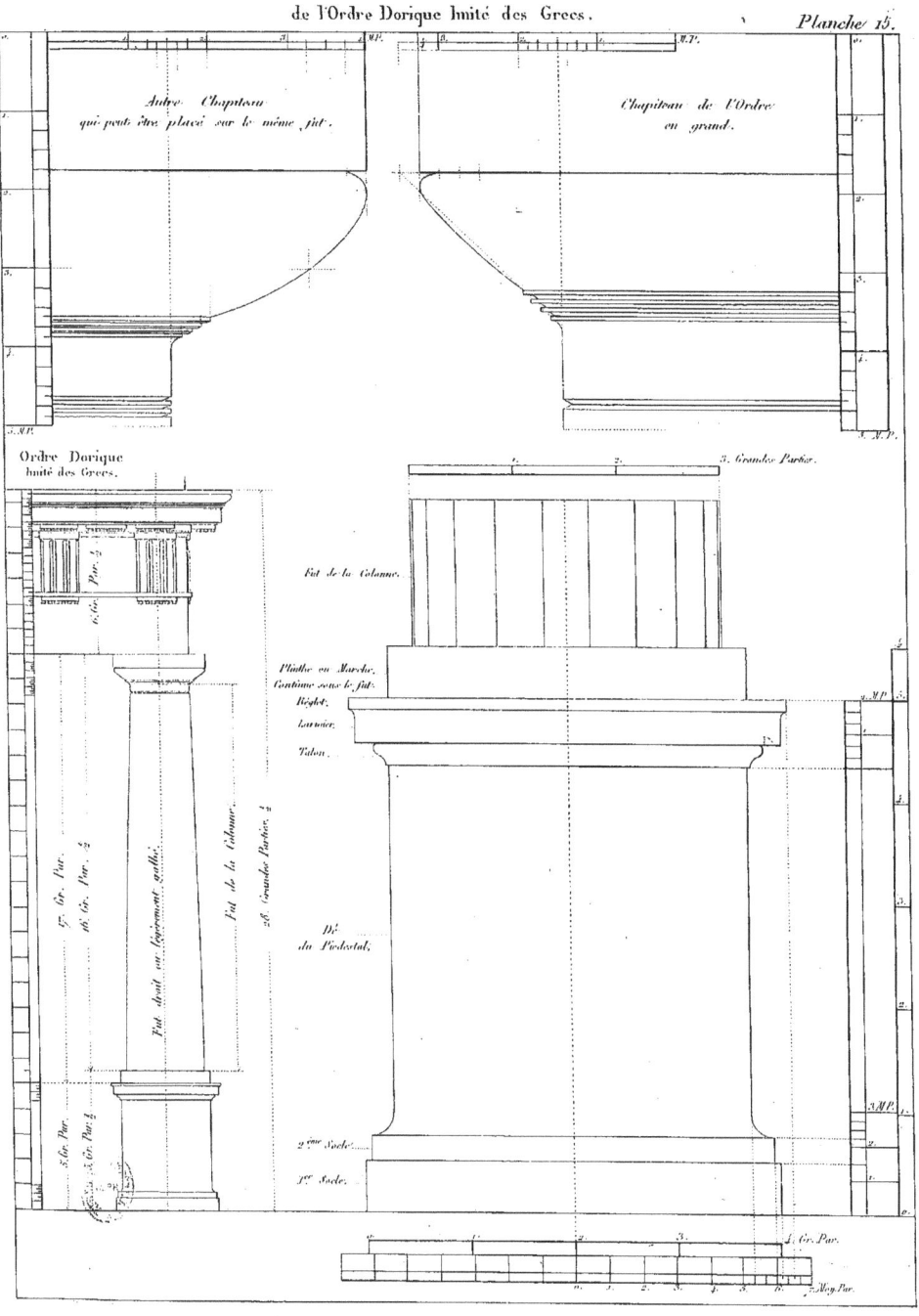

ENTRECOLONNEMENTS ET PORTIQUES.

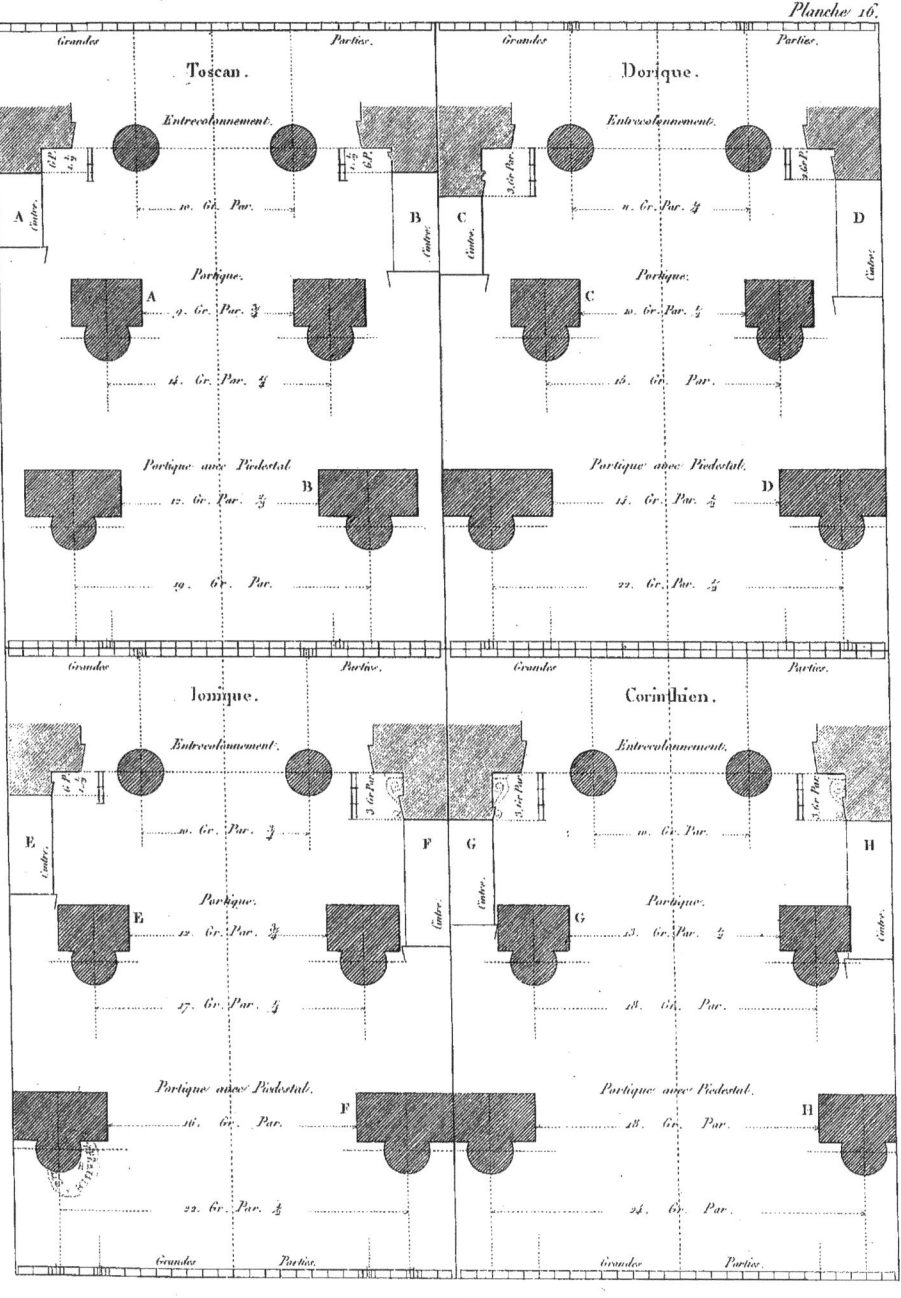

PORTES ET CROISÉES.

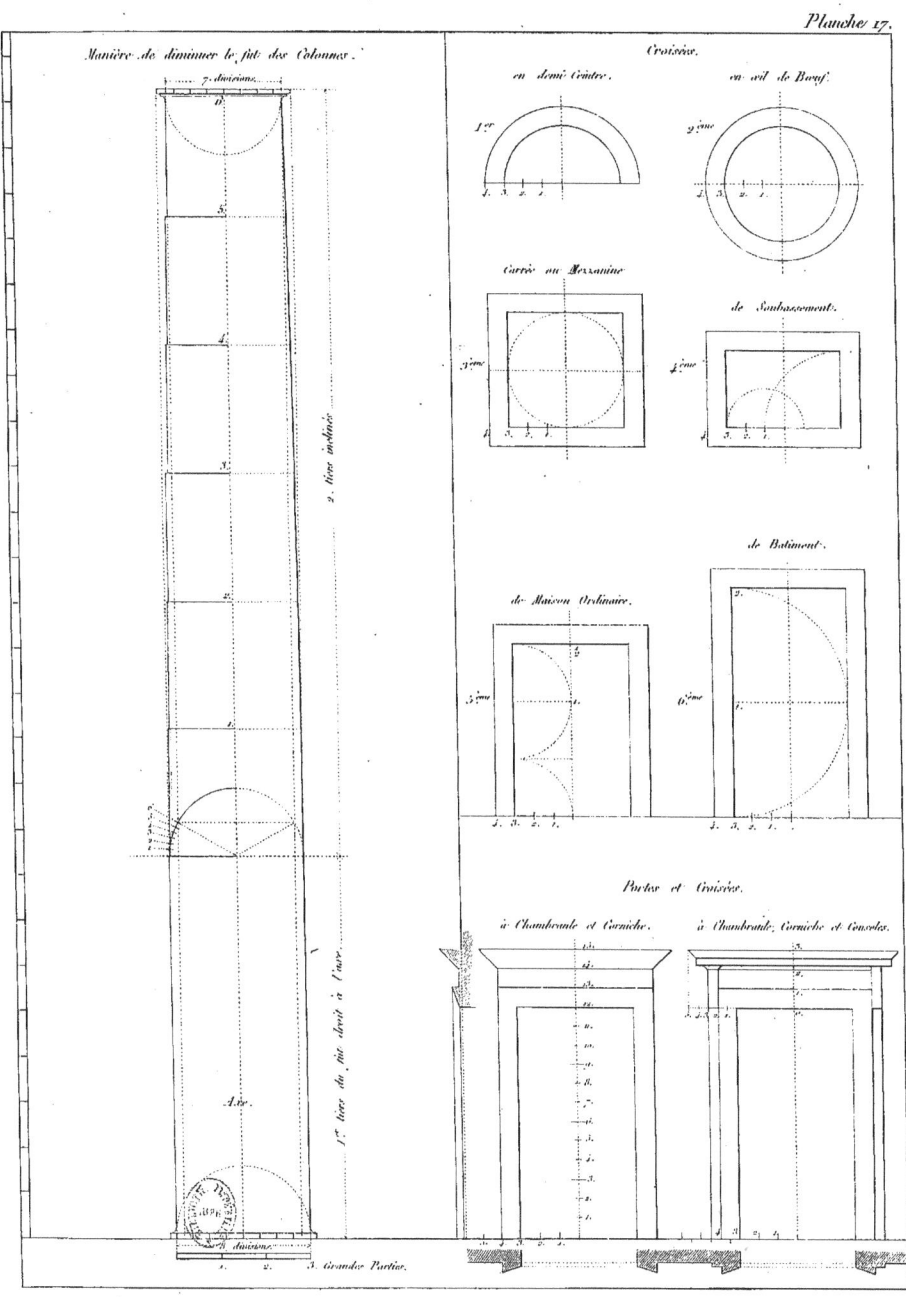

PORTES ARCADES ET MOULURES.

MAISONS PARTICULIÈRES.
ou à location.

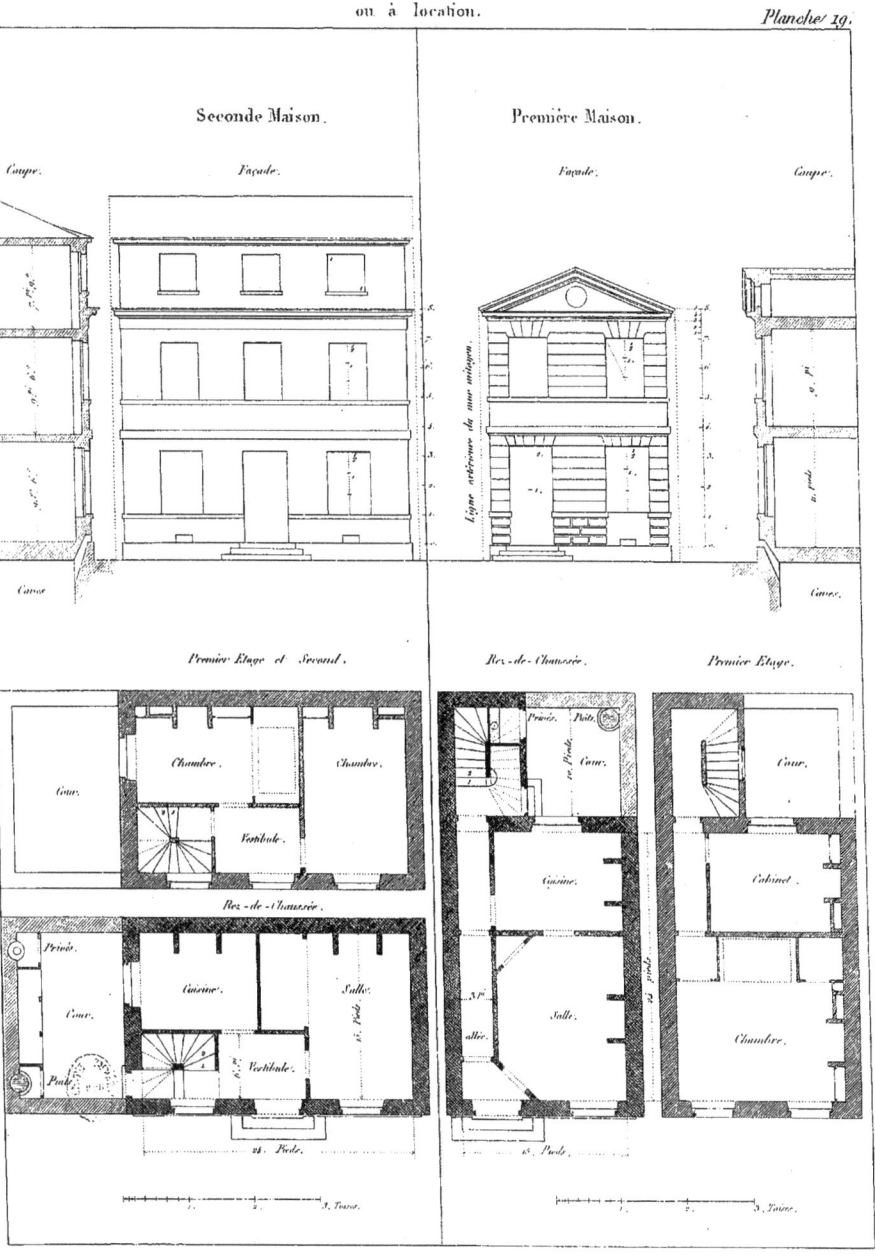

AUTRES MAISONS PARTICULIÈRES.
ou à location.

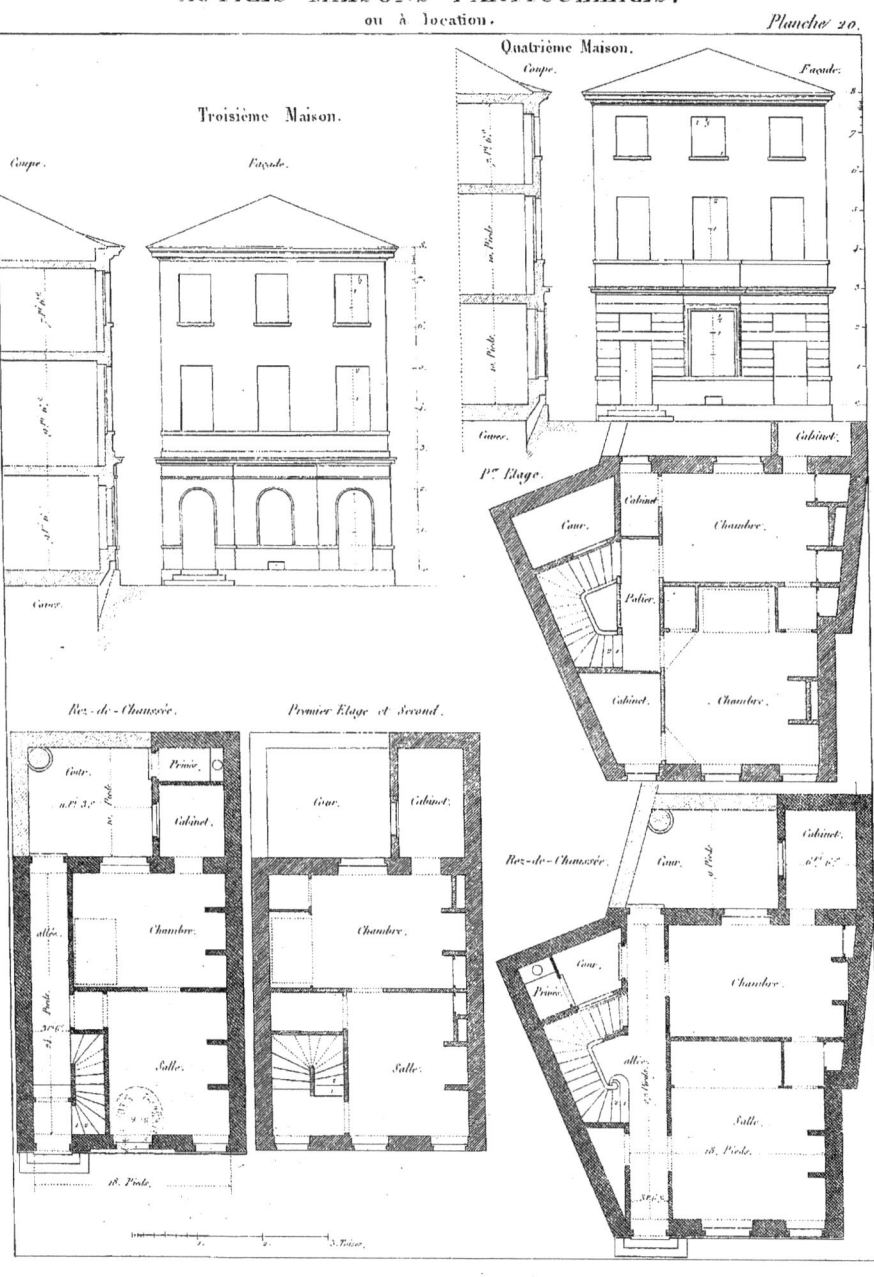

MAISON PARTICULIÈRE
sur un terrein irrégulier.

Planche 21.

Cinquième Maison.

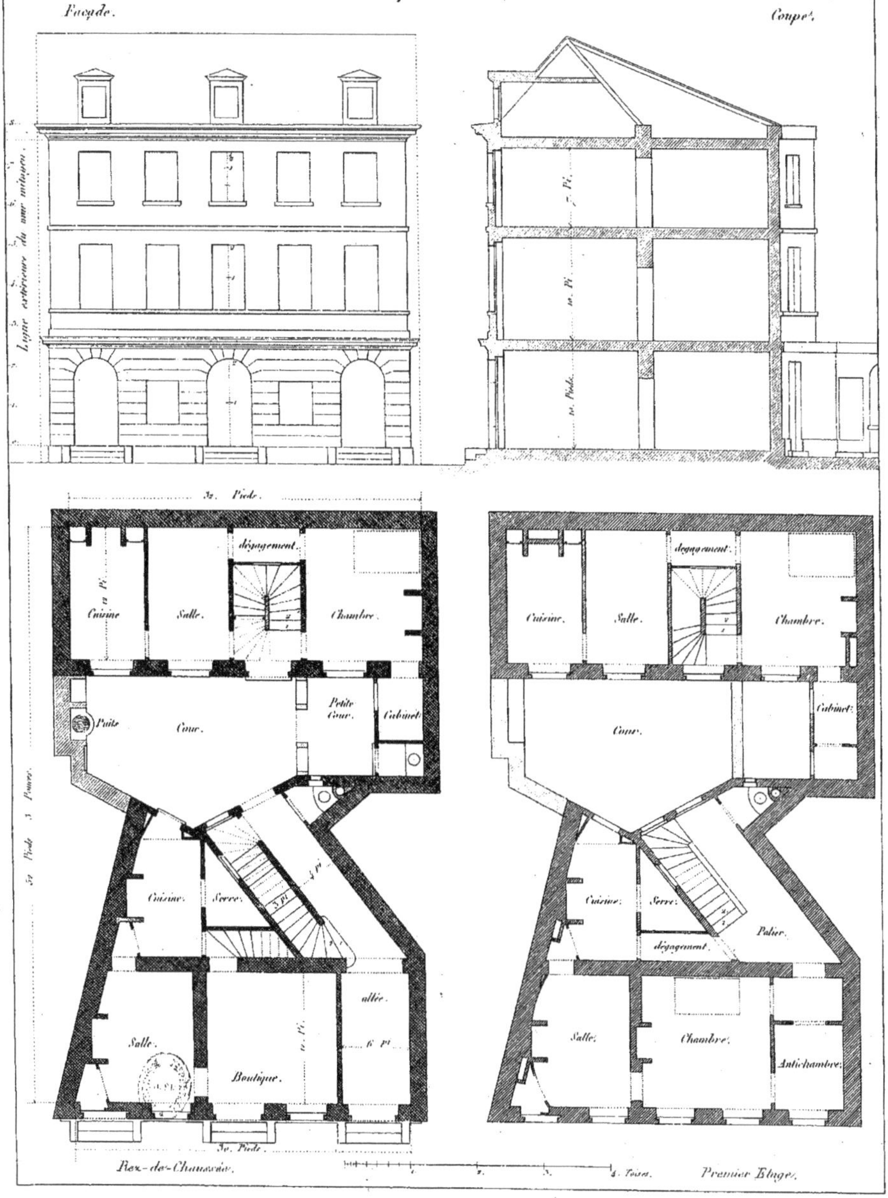

Façade.

Coupe.

Rez-de-Chaussée.

Premier Étage.

AUTRE MAISON PARTICULIERE
Sur un terrein irrégulier entre deux rues.

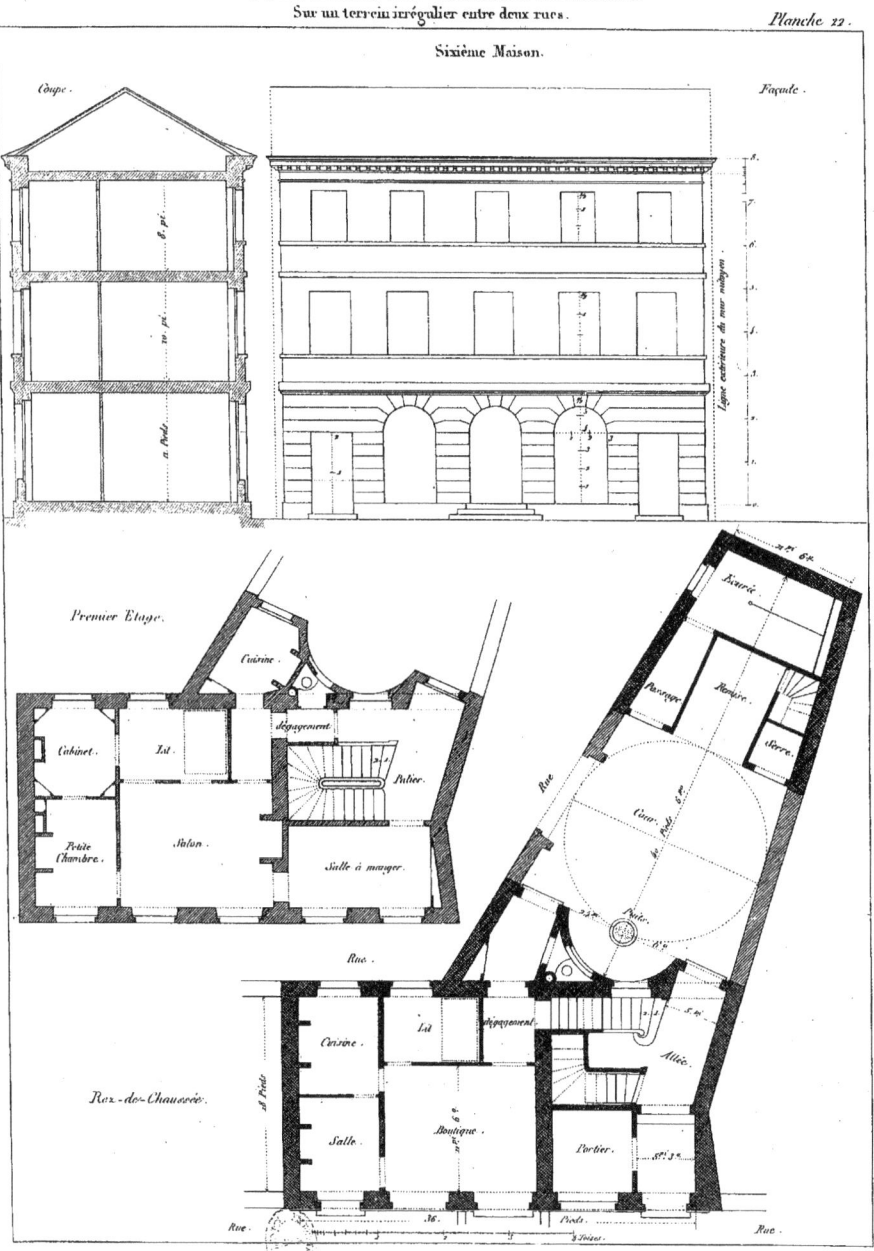

MAISON FORMANT L'ANGLE DE DEUX RUES.

Planche 23.

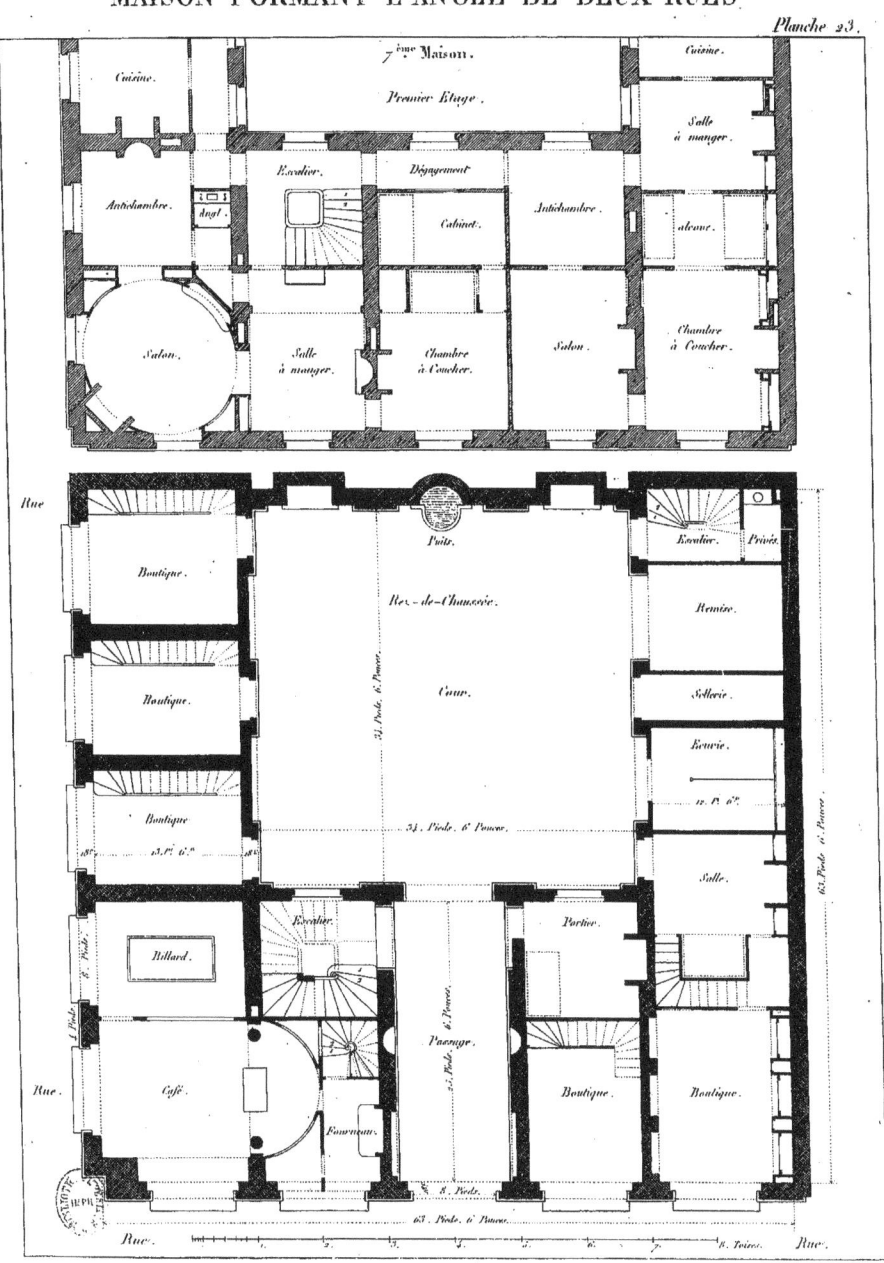

FAÇADE ET COUPE
de la 7.ème Maison. *Planche 23.*

Planche 24.

MAISON
disposée pour un homme d'affaires.

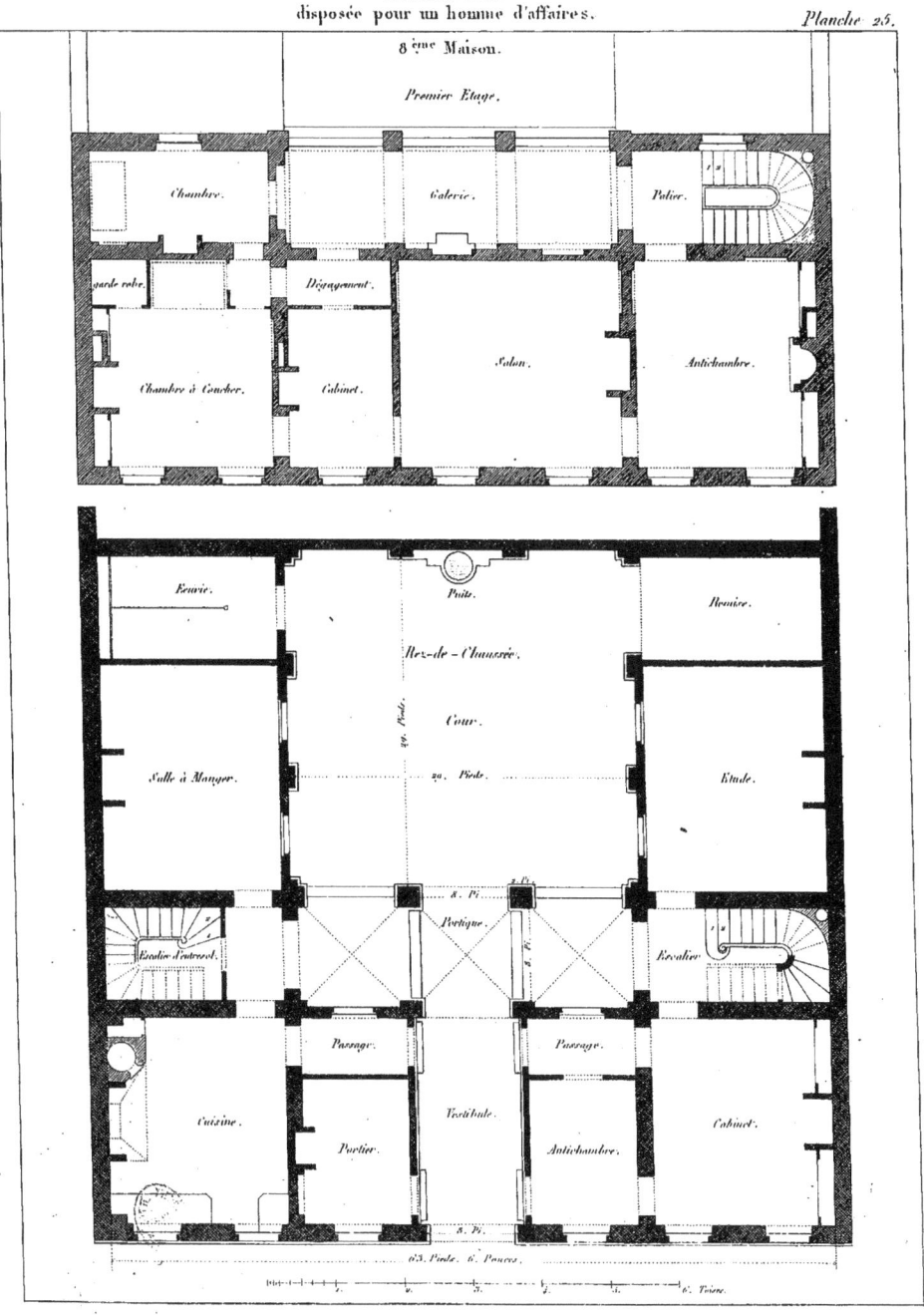

FAÇADE ET COUPE
de la 8ème Maison, Planche 25.

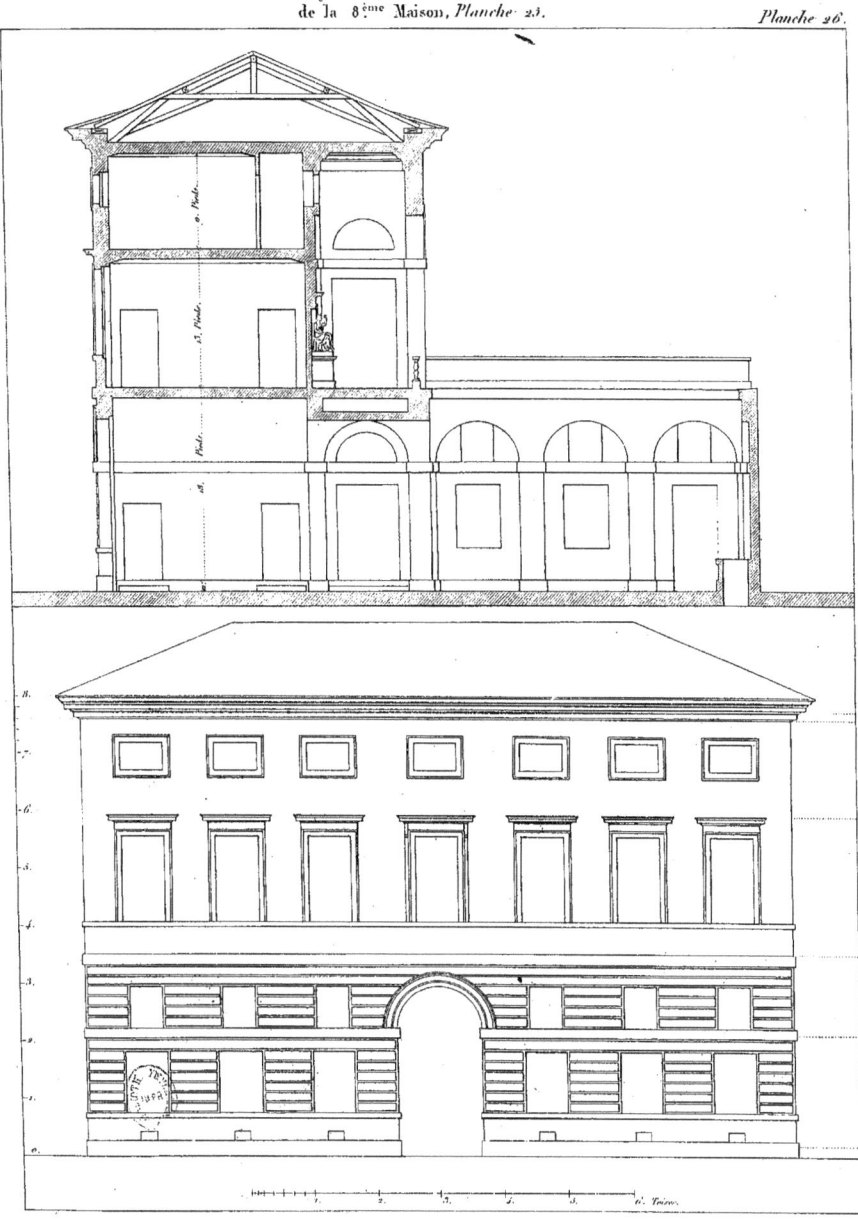

MAISON
distribuée pour la Ville et pour la Campagne.

Planche 27.

9.ème Maison.

Premier Etage.

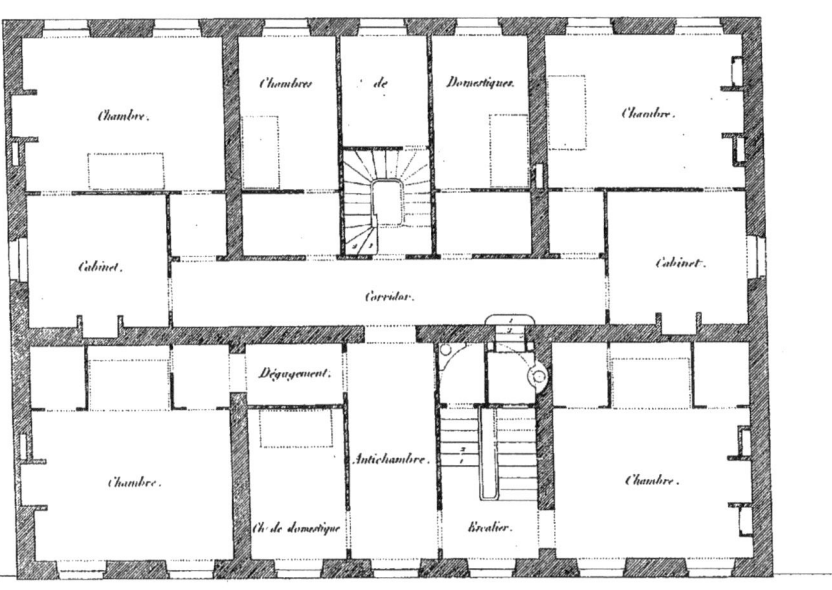

Rez-de-Chaussée.

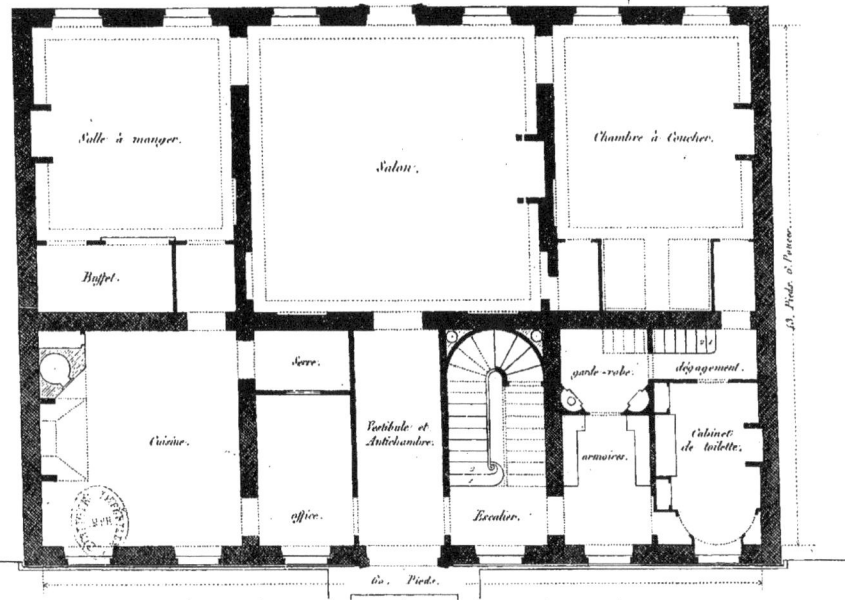

FAÇADE ET COUPE
de la 9.ème Maison, *Planche* 27.

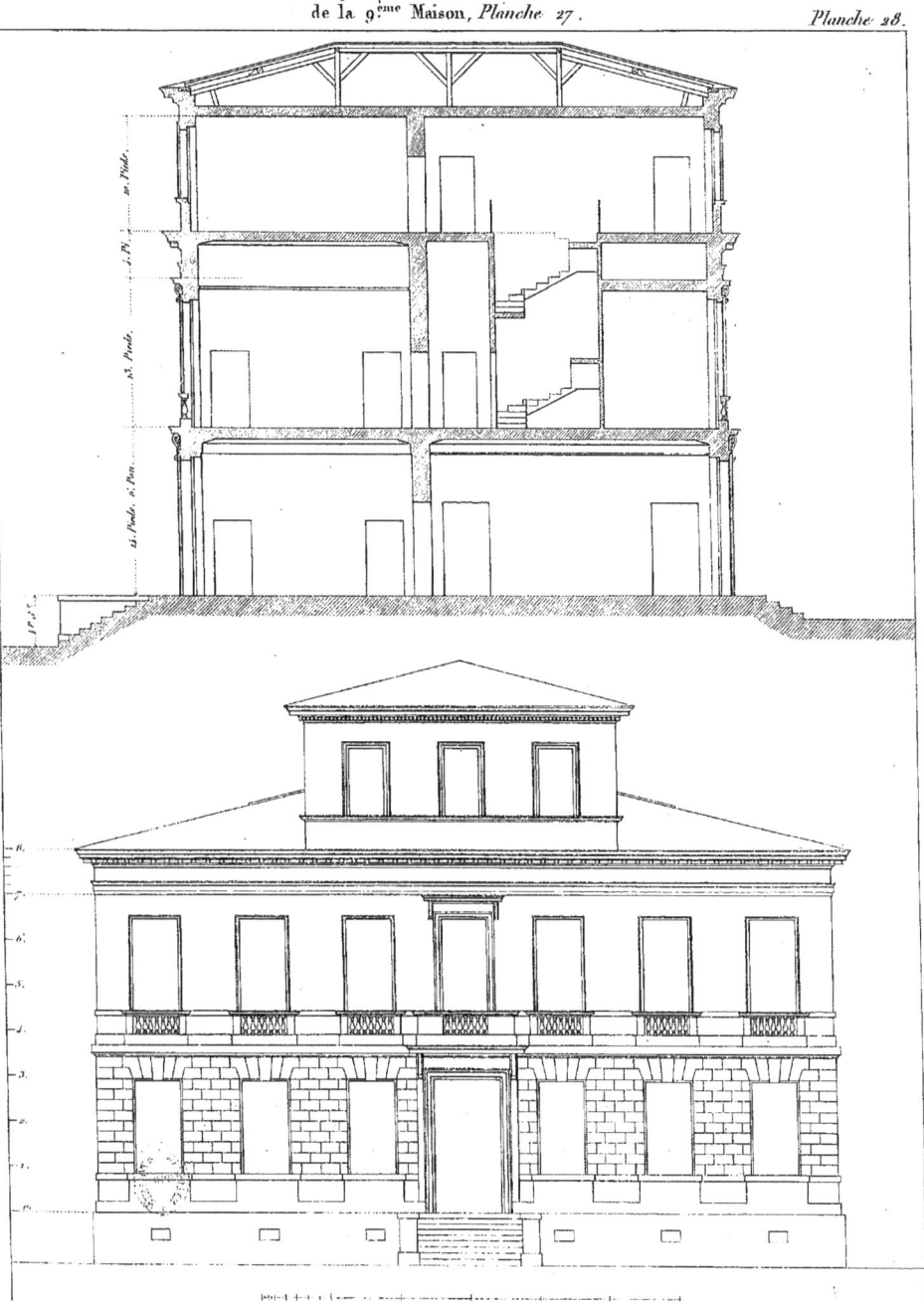

MAISON
Pour un Particulier aisé.

Planche 29.

Terrasse. — Façades des Remises. — Terrasse.

Jardin.

Billard. — Salle à manger. — Escalier. — Salon. — Chambre.

dégagement. — dégagement.

Commun. — Cuisine. — Serre. — Vestibule et Antichambre. — Cabinet. — Chambre. — Cabinet.

Puits.

Écurie. — Remise.

Remise. — Cour. — Remise.

10.ème Maison.
Rez-de-Chaussée.

FAÇADE COUPE
et Plan du 1.er Étage de la Maison, *Planche 29.*

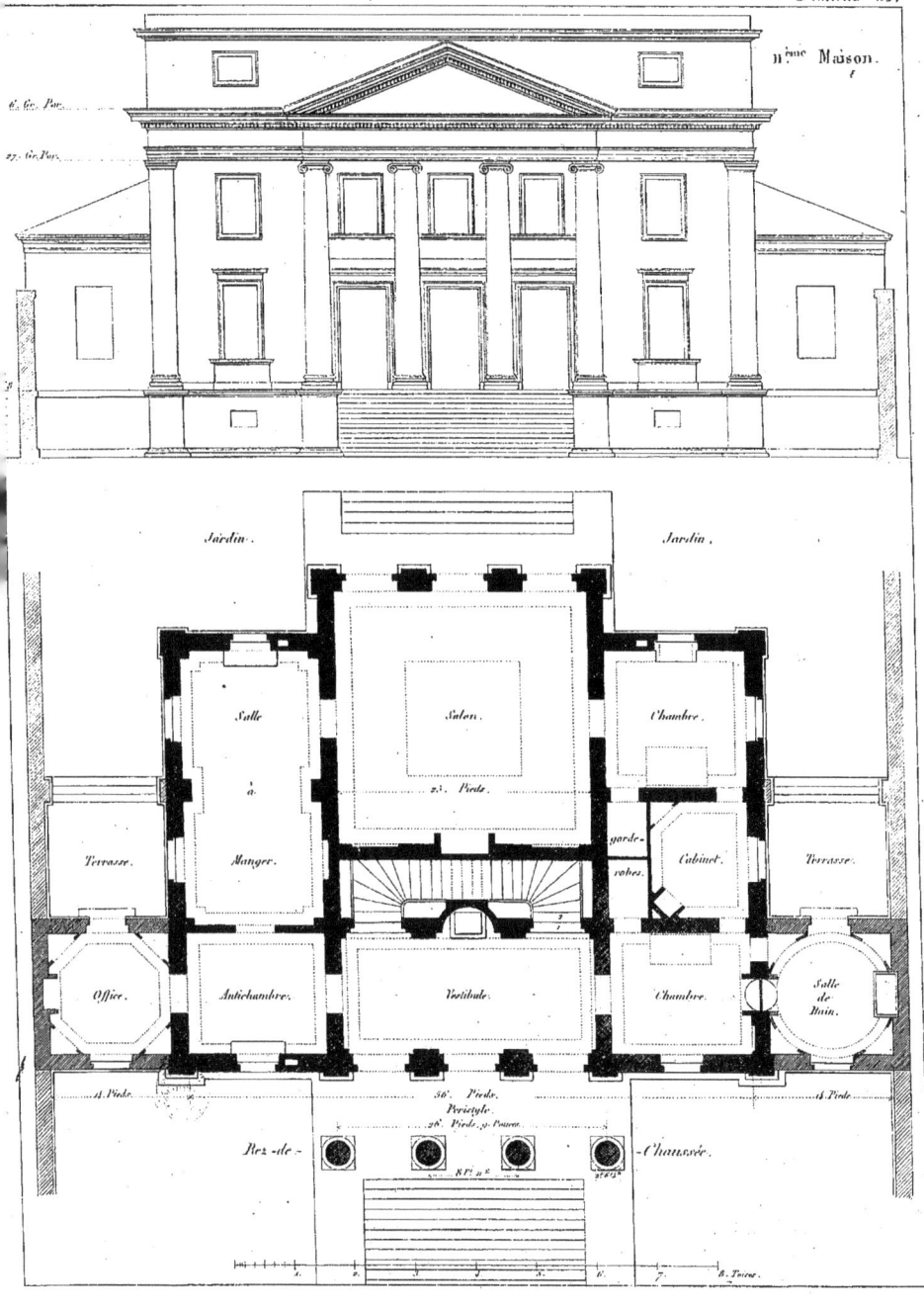

PLAN DU PREMIER ÉTAGE
et Coupe de la 11ème Maison, Planche 31.

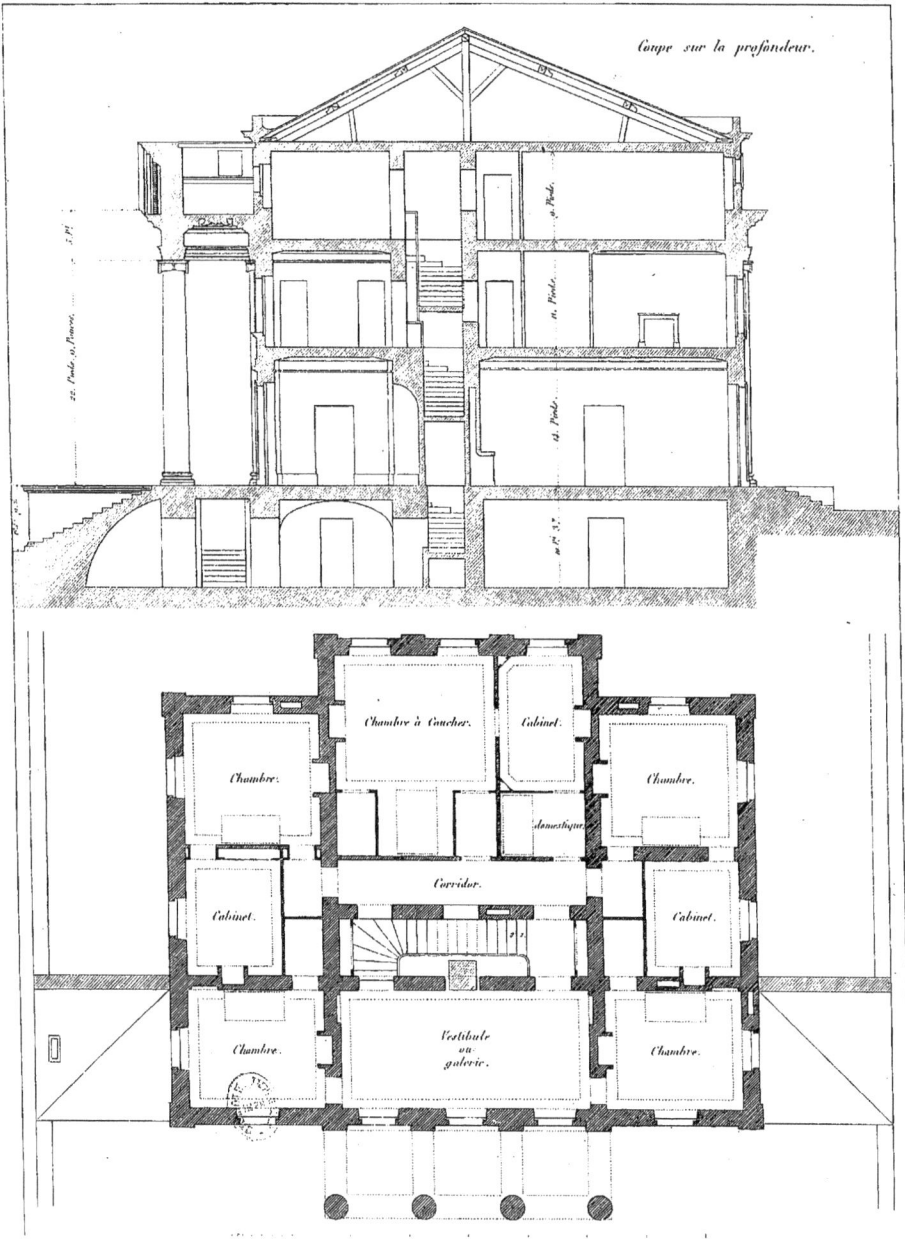

BALUSTRES.

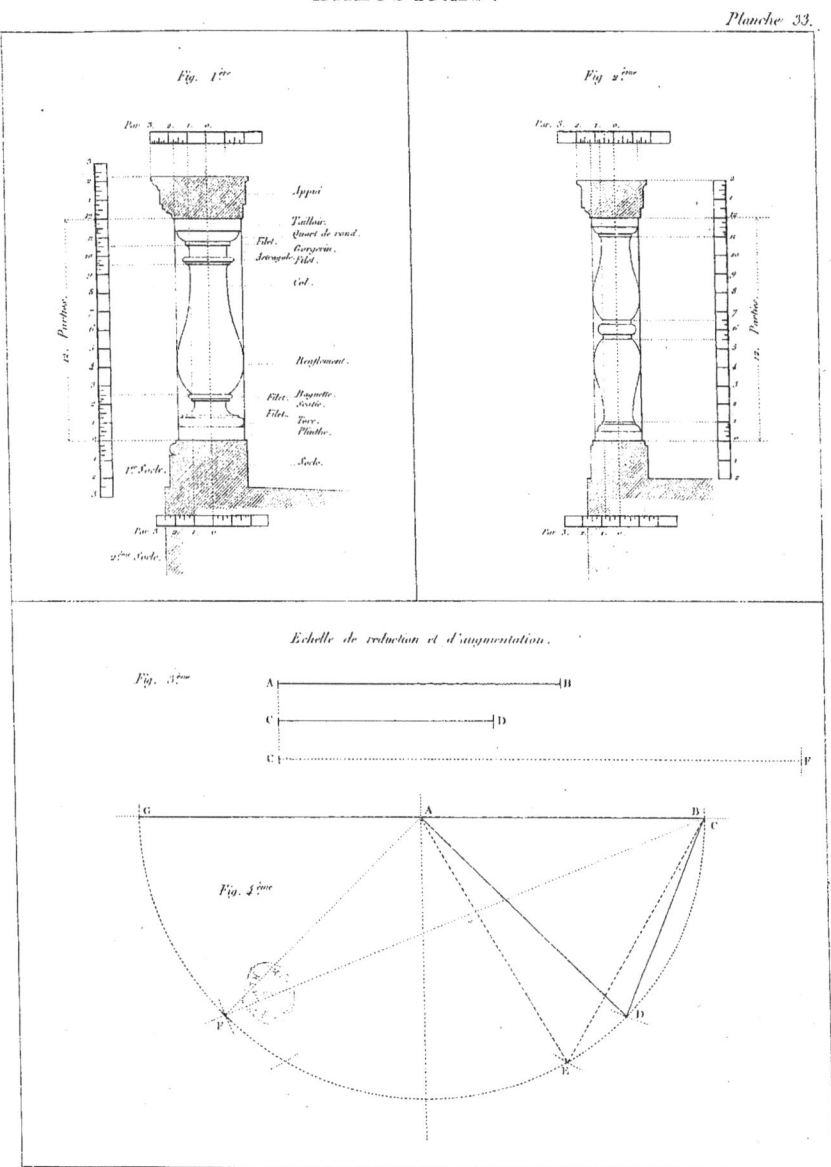

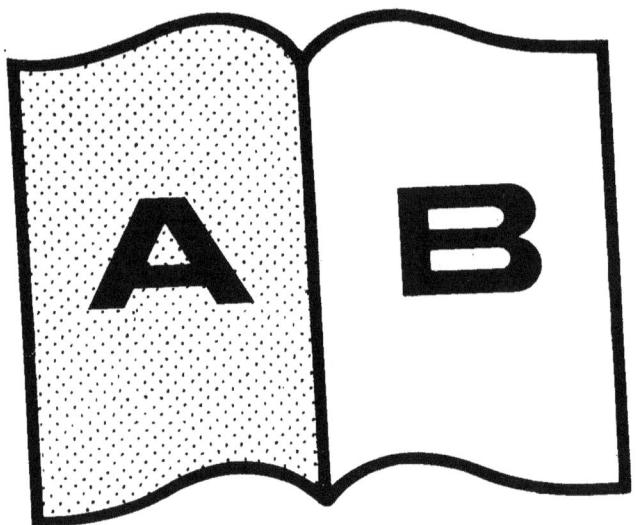

Contraste insuffisant
NF Z 43-120-14

www.ingramcontent.com/pod-product-compliance
Lightning Source LLC
Chambersburg PA
CBHW060157100426
42744CB00007B/1067